タカモリ・トモコのかぎ針編み

編んだら編めちゃった

永岡書店

はじめのことば

用意するものはかぎ針1本。

毛糸をカギにひっかけて、ひき出す、ひっかけて、ひき出す――
この繰り返しで1本の毛糸がどんどんカタチになっていく。
こんなカンタンなことをむずかしいと思い込んでるのって、
もったいないと思う。

編み式がむずかしい?

これも実はとてもカンタン。
いちど声に出して読んでみてほしい。
"こま編み"という言葉になじみがないのなら、
"リンゴ"におきかえてみて。
こどものころの「さんすう」みたいでおもしろいでしょ。
「なんだそういうことか」って、
　アハッて笑っちゃうほどカンタンだってことに気づいてね。

あとは何が心配?

編み目がそろわないこと?
それは私にはとてもうらやましいこと。
ふぞろいの編み目がどんなに可愛いくて、
毛糸のあたたかさ、手づくりのやさしさを感じさせるかってこと。
魅力のひとつだってことを知ってほしい。

私からのお願いは。

これでいいのかな? って不安になって途中であきらめないでほしいの。
完成させると見えてくることがあるから、とにかくつくりあげてほしい。
もしそれが頭よりも何倍も大きな帽子だとしても、
ほどいてこんどは小さく編めばいいのだから。
スルスルスル――ッてほどけば、大きな帽子ももとの毛糸玉の姿にもどる。
何度でも何度でもやり直せるってとっても気楽なことでしょ、
どういうことかというと、
編み物に失敗なし。ってこと。
さて、何からつくりましょう――。

　　　　　　　　　　　　　　　　　　　　　タカモリ・トモコ

CONTENTS

7-25　はじめの一歩

26-29　ポケットティッシュカバー

30-33　ペンケース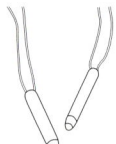

34-39　ボトルカバー

40-47　ミトン

48-51　編みぐるむバッグ

52-59　チャーム

60-69　湯たんぽカバー

70-75　ルームシューズ

76-79　いすの脚カバー

80-85　マフラー

86-89　帽子

90-93　スプレーカバー

MARKS & TECHNIQUES

記号	名称	ページ
	こま編み	12-15,18
	長編み	84-85
増やし目	こま編み2目編み入れる	20-21
増やし目	こま編み3目編み入れる	64
減らし目	こま編み2目一度	66
増やし目	長編み2目編み入れる	85
○	くさり編み	10-11
●	ひき抜き編み	22

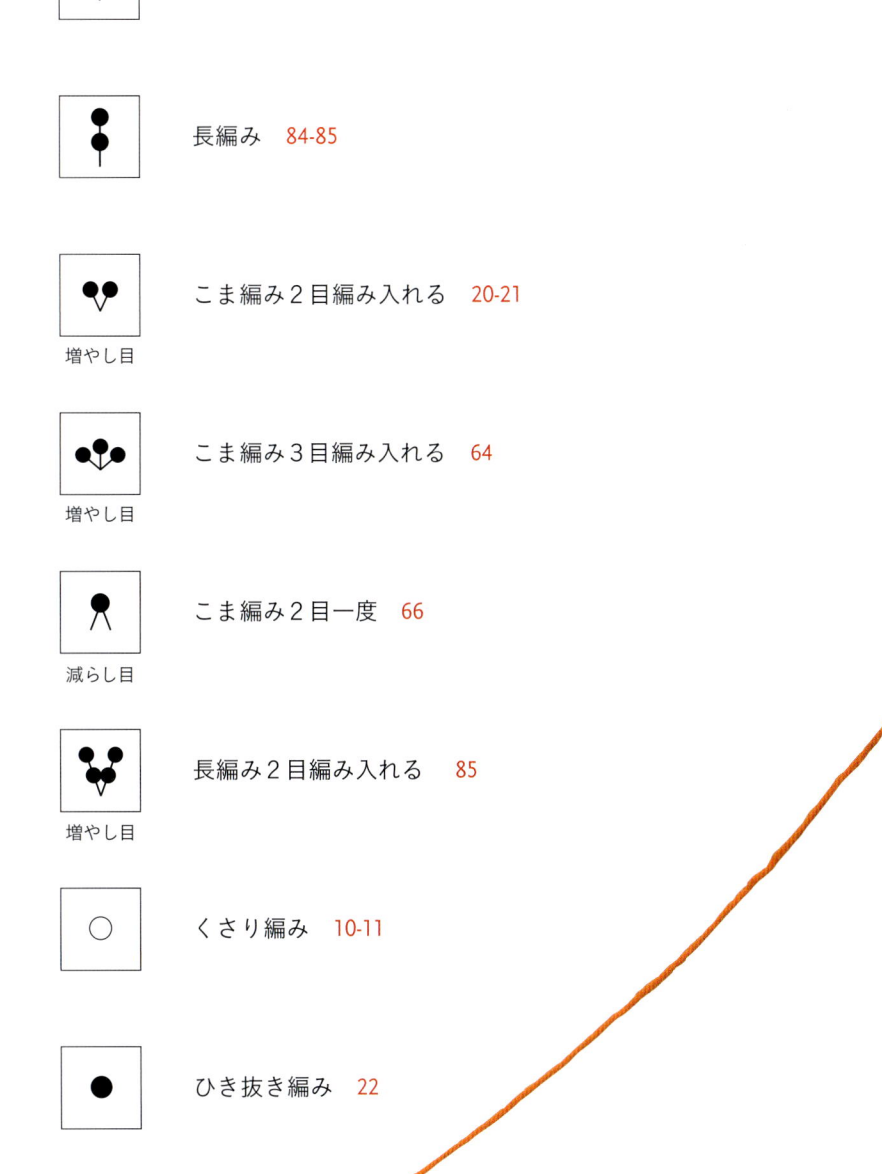

●この本ではタカモリ式編み目記号を使用しています

この本では、往復に編むものと輪に編むものを手がかりに作品の編み方を区別し、
輪に編むものは「タカモリ式編み図」を用いて編み方を紹介しています。

■ タカモリ式編み図の読み解き方

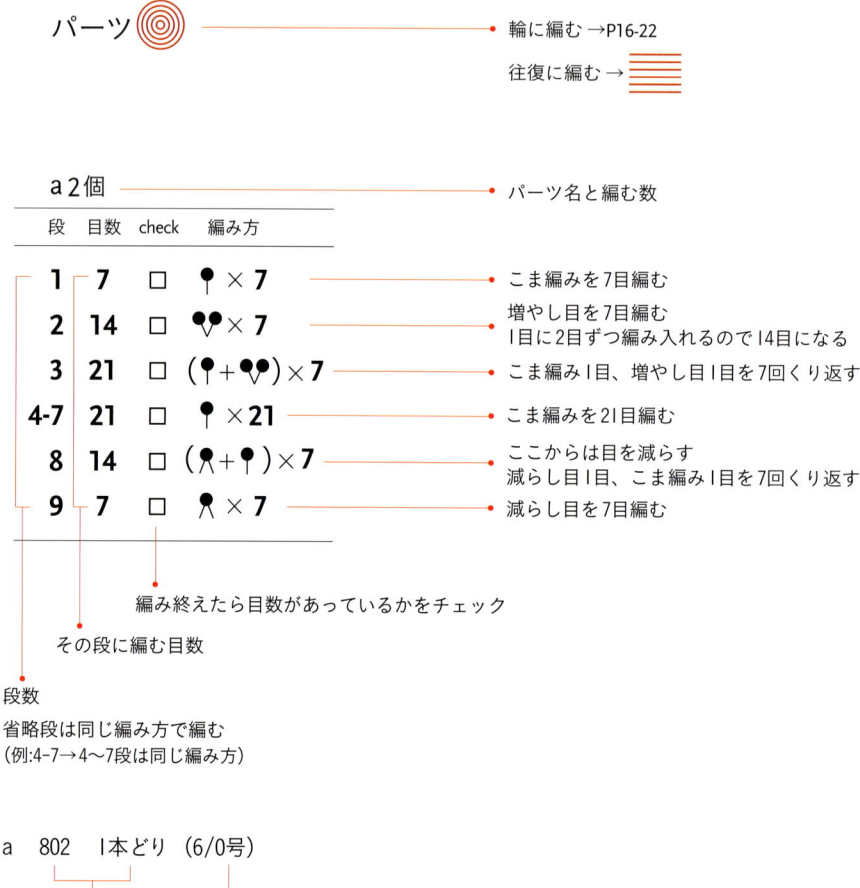

● 輪に編む場合の編み終わりは、すべてひき抜き編みをしてから、くさりを1目編み、糸を切ります。22ページを参照してください
● ここでふれなかった編み目記号は5ページを参照してください
● 作品サイズはcm表示。製図内はcmを省略しています
● 糸は実際の使用量より多めに表示しています

はじめの一歩

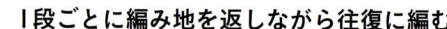 1段ごとに編み地を返しながら往復に編む

中心から一定方向にぐるぐる輪に編む

❶ポケットティッシュカバーを編みながら、基本の編み方をマスターしてみましょう

材料と道具を用意

写真左：上からミニスポーツNo685、ブリティッシュエロイカNo116、ブリティッシュエロイカNo191
写真右：左上からししゅう糸、薄手フェルト、手芸用ばさみ、かぎ針8/0号、毛糸用とじ針、まち針、縫い針

往復に編んでみましょう →編み方解説 P10-15

輪に編んでみましょう →編み方解説 P16-22

往復に編んでみましょう

くさり編みでつくり目を編む

針先に糸をかけ、かぎ針にかかったループから糸をひき出す。
この動作をくり返して、チェーン状の連続するループ（くさり目）を
つくっていく作業がくさり編み。
往復編みでは、このくさり編みで、
目数分の「つくり目」をつくってからスタート。

❶ 端の目を編む

糸の向こう側にかぎ針をあて、針を時計と逆回りにぐるっと回転させて針に糸を巻きつける。針先に糸をかける。

ループから糸をひき出したら、そのまま糸端をひきループをひきしめる。これは端の目なので、目数にカウントしない（編まない）。

❷ 1目めのくさりを編む

針先に糸をかけ、針にかかったループから糸をひき出す。

❸ 2目めのくさりを編む

もういちど針先に糸をかけ、ループから糸をひき出す。

同様に目数分（16目）のくさりを編む。

こま編みを編む

針先に糸をかけ、かぎ針にかかったループ2本をひき抜くと、
頭にチェーンのような目を持つ、高さのある(ほぼ正方形の)目が編める。
これがこま編み。
往復に編むときは、このこま編みを1段ずつ編み地を返しながら編んでいく。

❷「立ち上がり」の目を編む

往復編みでは、段のはじめでくさり編みを編む。
「立ち上がり」と呼ばれる高さ調整をするための手法で、
こま編みのときはくさりを1目編んで立ち上がる。
こま編みの立ち上がりは目数にカウントしない。

❸ 1目めのこま編みを編む

つくり目の16目めの裏山をすくい、針先に糸をかけてひき出すと針に2本のループがかかる。
もういちど針先に糸をかけ、この2本のループをいっぺんにひき抜く。

くさりの表目　　裏山　裏目

❹ 2目めのこま編みを編む

つくり目の15目めの裏山をすくい、針先に糸をかけてひき出し、もういちど針先に糸をかけ、針にかかったループ2本をいっぺんにひき抜く。
あとは同様、目数分のこま編みを1目ずつ編んでいく。

❹ 2段めのこま編みを編む

つくり目の16目すべてにこま編みを編み、1段めが終了。ここで針はそのままに、編み地を反時計回りに回転させ、
いま編んでいたこま編みの「裏」を表側にする。立ち上がりのくさりを1目編む。

こま編みの頭は、上から見るとくさり目のように見える。

あとは前段こま編みの頭の糸2本をすくいながらこま編みで編みすすむ。
最後の目(矢印の目)まで編むが、立ち上がりの目をひろわないように注意(ひろうと目数が増える)。

次段から最終段まで、2段めと同じ要領で編みすすむ。
「往復編み」では、段のはじめで編み地をひっくり返すので、
1段ごとに編み目の向きが交互に入れ替わり、
奇数段では編み地の「表」、偶数段では「裏」を見ながら編みすすむことになる。
編み地を返すときはつねに反時計回りにまわす。

輪に編んでみましょう

「わ」のつくり目をつくる

糸を指に2回巻きつけると、二重の輪ができる。
この糸輪(「わ」)を中心に、増やし目をしながらぐるぐる編んでいく。
段の境目を目立たせないように、「立ち上がり」を編まずに編んでいくので、
段のはじめの目に印(段数リングなど)をつけて編むとわかりやすい。

❸ **糸輪をつくる**　タカモリ式は中指に糸を巻きつけ、糸輪を指からはずさず、すぐにつぎのステップにすすむ。

糸端を持ち、中指に糸を2回巻きつける。巻き糸がゆるまないように薬指を添え、中指と輪のあいだに針先をスライドさせる。
針先に糸をかける。

  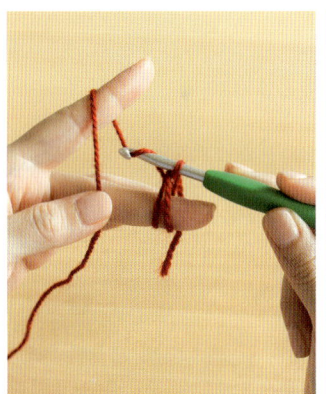 

輪の中から糸をひき出す。二重の輪ができたが、これだけではつぎの目が編めないので、
針先に糸をかけ、針にかかったループから糸をひき出しておく（くさりを1目編んだことになるが、この目はカウントしない）。

こま編み

❶ 1段めのこま編みを編む こま編みの編み方はP12と同様だが、輪に編む場合の1段めは「わ」の中に編みいれる。

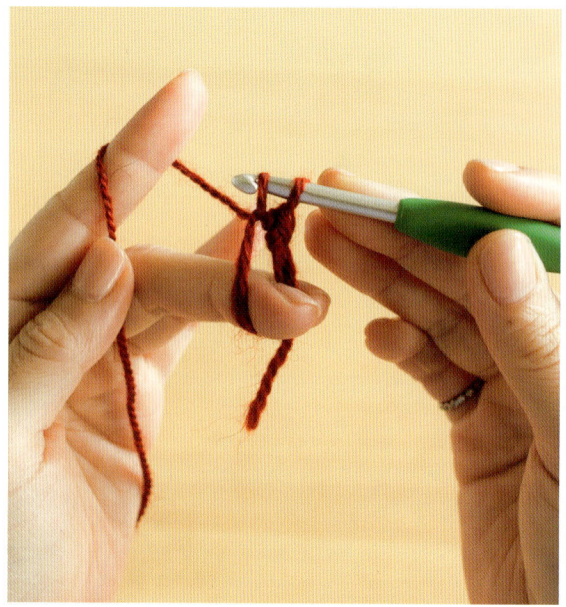

立ち上がりを編まないで、すぐにこま編みを編む→「わ」の中に針を入れ、針先に糸をかけてひき出す。

針先に糸をかけ、針にかかったループ2本をいっぺんにひき抜くと、1目めが編める。同様に目数分（7目）のこま編みを編む。

❸ **糸輪をひきしめる**　二重の輪は1本ずつしっかりひきしめる。

1段めの編み終わりはこんな具合に「わ」がゆるんだままになっている。
糸端を少しひっぱると、二重の輪のうちのどちらかの輪が少し動いて縮まる。動いた輪(a)の、ひっぱり方がポイント。

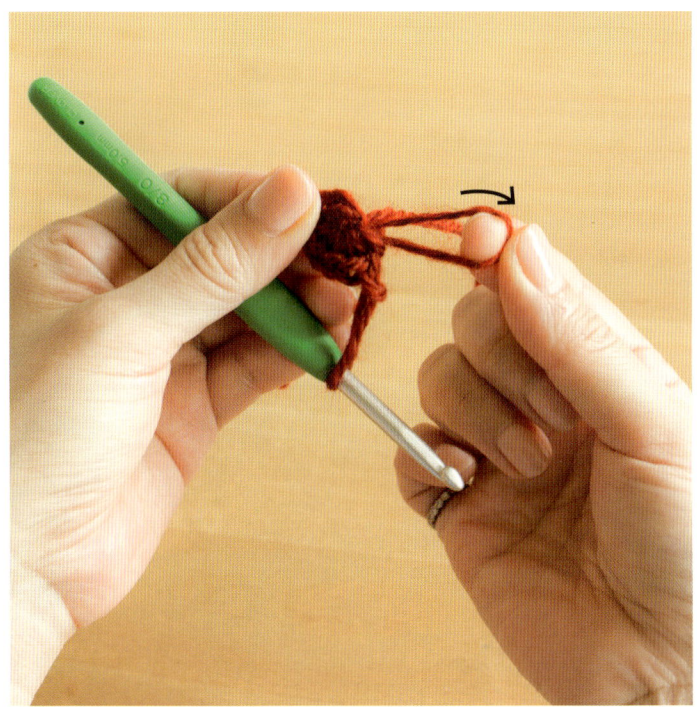 

まずaの輪をつかみ、
矢印の方向に糸をひき(逆側にひくと糸端が動くので注意)、
bの輪を先に縮める。
糸端をひっぱると、こんどは残りの輪(a)が縮まり、
これで両方の輪がしっかりとしまる。

増やし目

❸ 2段めのこま編みを編む 1目に2目ずつこま編みを編む。これが「2目編み入れる」と呼ばれている、目数を増やす方法のひとつ。前段のすべてに2目ずつ編み入れると、きれいな正円に編みあがる。

立ち上がりは編まない。こま編みの編み方はP12と同様→。
前段のこま編みの1目めの頭の糸2本をすくい、針先に糸をかけてひきだす。

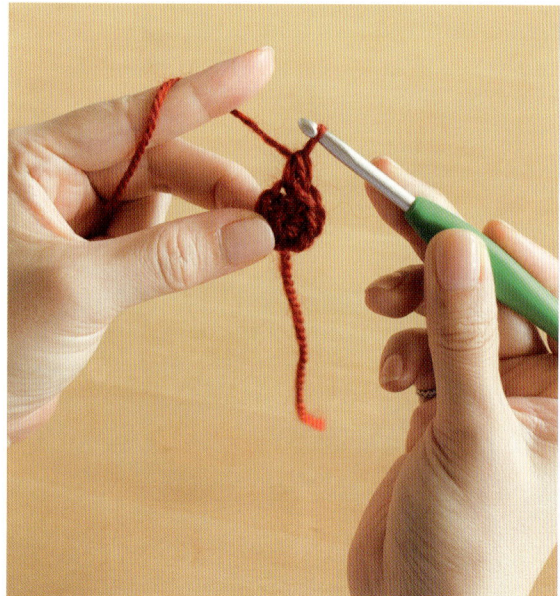

もういちど針先に糸をかけて針にかかったループ2本をいっぺんにひき抜く。

つぎにもういちど同じ目に針を入れ、針先に糸をかけてひきだす。

もういちど針先に糸をかけて、針にかかったループ2本をひき抜く。これで前段1目めに2目のこま編みが編み入れられた。
あとは同様、前段の1目に2目ずつこま編みを編みながらぐるっと一周する。

● ひき抜き編み

❶ ひき抜き編みをする ひき抜き編みは糸をひき抜くだけなので高さがでない。これで、段のはじめと終わりの目をつなぐ。

編みはじめの目の頭の糸を2本すくい、針先に糸をかけて糸をひき出し、そのまま針にかかったループからも同じ糸をひき抜く。
これでひき抜き編み1目が完了、目の高さがそろう。

❷ 編み終わる

くさりを1目編み、糸端を2〜3cm残して糸を切る。切った糸をひき出し、糸端をひっぱっておく。これで目が止まる。
※往復編みの場合は、「ひき抜き編み」をしないで、編み終わる。

作品のとじ方・はぎ方・しあげ方

本体の編み終わりは、22ページの「編み終わる」同様に、
くさりを1目編んでから、糸を切り、糸端をひっぱっておく。

❶ サイドをとじる

編み地を中表に三つ折りにし、折り角に糸をつけ、段と段をつき合わせて巻きかがる。両サイドを同様にとじ、糸端は編み地の中にくぐらせて始末、

糸を切る。

❷ あき口の両側をはぐ

あき口サイドの目をつきあわせ、片側2目ずつを巻きかがりではぎ、糸始末をしてから表に返す。

23

❸ パーツを縫いつける

パーツは糸端を裏につめ、本体に仮止めする。パーツの端に糸をつけ、本体の編み目をすくいながら縫いつける。
フェルトを寸法にカットし、ししゅう糸1本どりのたてまつりで縫いつける。

❹ フェルト寸法

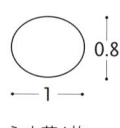

うす茶1枚　　こげ茶1枚

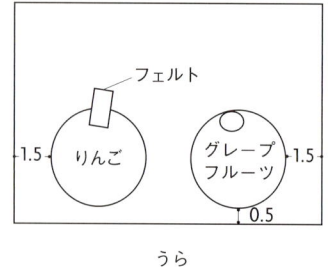 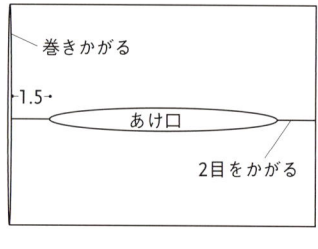

うら　　おもて

ポケットティッシュカバー　フルーツのアップリケ

基本のテクニックでサクサク編める、初心者向きの作品です。

◯用意するもの

糸　ミニスポーツ No685（黄緑）25g
　　ブリティッシュエロイカ No116（赤）、No191（黄）各少々
　　ししゅう糸（うす茶・こげ茶）各少々
針　かぎ針8/0号　毛糸用とじ針　縫い針
薄手のフェルト（うす茶・こげ茶）各少々

◯できあがりサイズ　縦9cm×横13cm　（ポケットティッシュのサイズ　縦8cm×横12cm）

本体 ≡　　　　　　　　　　　　パーツ ◎

4.5（6段）

9（14段） 18（26段）

こま編み（8/0号）

4.5（6段）

13（つくり目16目）

ミニスポーツ685　1本どり

わ

4

こま編み

りんご・グレープフルーツ 各1枚

段	目数	check	編み方
1	7	☐	●×7
2	14	☐	●●×7

りんご　ブリティッシュエロイカ116　1本どり（8/0号）
グレープフルーツ　ブリティッシュエロイカ191　1本どり（8/0号）

◯つくり方

① 本体を編む
▶ つくり目のくさり16目を編み、こま編みの往復編みで26段編む。
▶ 中表に三つ折りにし、サイドをかがる。あけ口の両端を2目ずつかがり、表に返す。

② パーツを編む
▶ 「わ」のつくり目をし、こま編みで輪に編む。立ち上がりはしない。
　1段めは7目で編み、2段めで7目増やす。
▶ 各1枚ずつ編み、糸端をつめて本体に縫いつける。

③ フェルトを寸法にカット、ししゅう糸1本どりのたてまつりで本体に縫いつける。

ポケットティッシュカバー

ポケットティッシュカバー　ひつじ

高級アルパカ糸で編む、ふんわりやさしいティッシュカバーです。

●**用意するもの**

糸　アルパカモリス No902（生成）35g　クイーンアニー No803（黒）10g
針　かぎ針10/0号　7/0号　毛糸用とじ針

●**できあがりサイズ**　縦10cm×横14cm

本体 ≡

20（21段）
14（つくり目14目）
こま編み（10/0号）
アルパカモリス902　1本どり

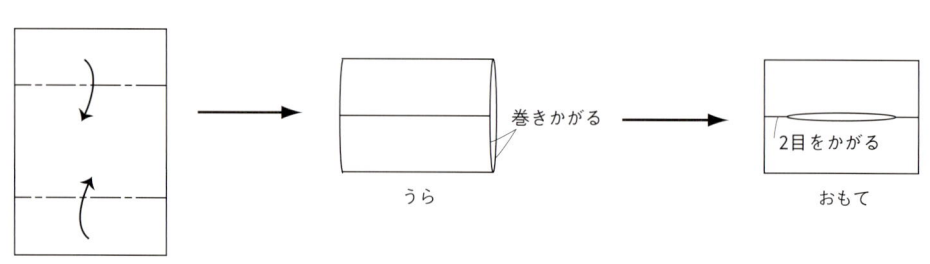

中表に三つ折りに　→　巻きかがる　うら　→　2目をかがる　おもて

大きくなってしまったらかぎ針を8号に。
小さくなってしまったらにつくり目のくさりの数を増やしてね。

パーツ ◎

頭1枚

段	目数	check	編み方
1	5	☐	♦×5
2	10	☐	♥×5
3	15	☐	(♦+♥)×5
4	15	☐	♦×15
5-7	15	☐	♦×15

足4枚

段	目数	check	編み方
1	6	☐	♦×6
2	6	☐	♦×6
3	6	☐	♦×6
4	6	☐	♦×6

耳2枚

段	目数	check	編み方
1	8	☐	♦×8

しっぽ1枚

段	目数	check	編み方
1	5	☐	♦×5
2	5	☐	♦×5

頭・足・耳　クイーンアニー 803　1本どり(7/0 号)
しっぽ　アルパカモリス 902　1本どり(10/0 号)

●つくり方

1. 本体を編む
▶ つくり目のくさり 14目を編み、こま編みの往復編みで21段編む。
▶ 中表に三つ折りにし、サイドをかがる。あけ口の両端を2目ずつかがり、表に返す。

2. パーツを編む
▶ 「わ」のつくり目をし、こま編みで輪に編む。立ち上がりはしない。
▶ 頭は2-3段の毎段で5目ずつ目を増やす。
▶ 枚数分を編み、糸端をつめて本体に縫いつける。

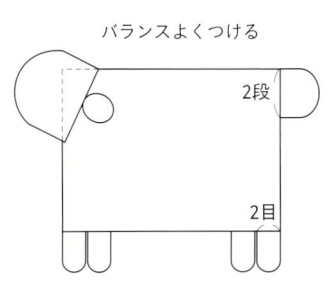

バランスよくつける

2段

2目

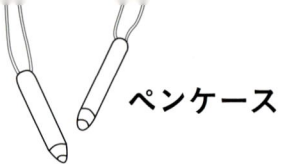 ペンケース

30 | えんぴつ・赤えんぴつ・青 page 32-33

ペンケース　えんぴつ・赤えんぴつ・青

ひもをロングに編むのがポイント。ペンが1〜2本入るサイズです。

●用意するもの

◇えんぴつ
糸　クイーンアニー No935（緑）15g、No803（黒）、No955（ベージュ）各少々
針　かぎ針6/0号　毛糸用とじ針
●できあがりサイズ　長さ15cm

◇赤えんぴつ
糸　クイーンアニー No968（サーモンピンク）16g、No955（ベージュ）少々
針　かぎ針6/0号　毛糸用とじ針
●できあがりサイズ　長さ15cm

◇青
糸　ミニスポーツ No679（ブルー）20g
針　かぎ針7/0号　毛糸用とじ針
●できあがりサイズ　長さ14cm

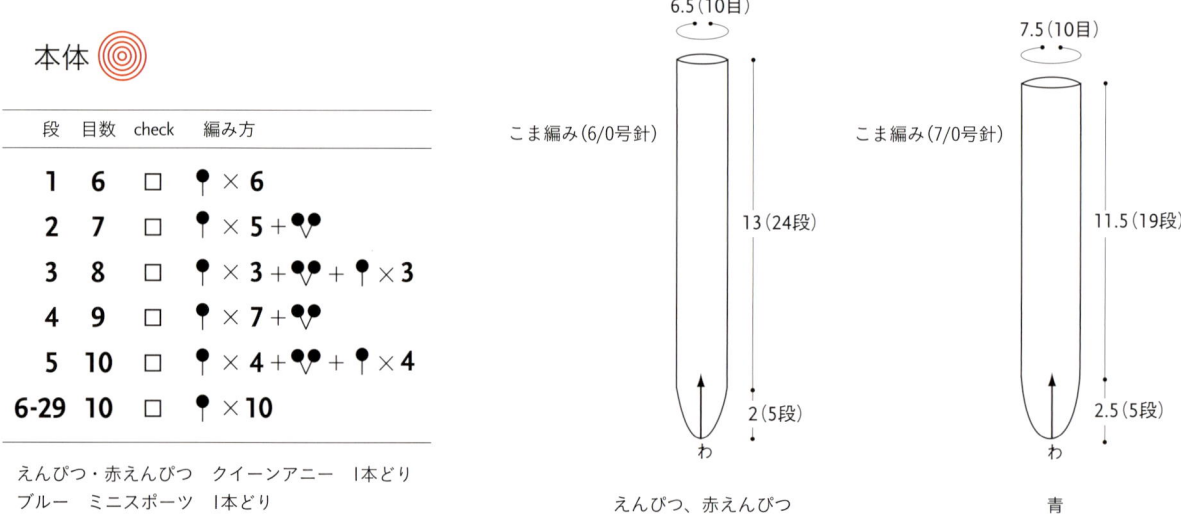

本体

段	目数	check	編み方
1	6	□	♦×6
2	7	□	♦×5+♥
3	8	□	♦×3+♥+♦×3
4	9	□	♦×7+♥
5	10	□	♦×4+♥+♦×4
6-29	10	□	♦×10

えんぴつ・赤えんぴつ　クイーンアニー　1本どり
ブルー　ミニスポーツ　1本どり

えんぴつ、赤えんぴつ　　　　青

●つくり方

3つとも同じ編み図を見て編む。

① 本体を編む
▶「わ」のつくり目をし、こま編みで輪に編む。立ち上がりはしない。
　2-5段の毎段で1目ずつ目を増やす。
▶えんぴつ、赤えんぴつは、途中で配色を変える（→P65）。
　えんぴつ→1段め（黒）、2-4段（ベージュ）、5-29段（緑）
　赤えんぴつ→1段め（サーモンピンク）、2-4段（ベージュ）、5-29段（サーモンピンク）
▶青は同じ編み方で24段まで編み、編み地を裏返し、裏目を表に使う。
② スレッドコード編みでひも（長さ80〜90cm）を編み、本体の両脇に縫いつける。

◉ スレッドコード編み

糸を2カ所からとりだし、糸端を結ぶ。

針にaの糸をねじってかけ、bの糸を手前からかける。

aの糸を針先にかけ、針にかかったループ2本から糸をひき出す。

針にbの糸を手前からかけ、aの糸をかけてひき出すことをくり返す。

◆好きな長さに編むときは上のように2本の糸で編むとよい。
◆決まった長さに編むときは、できあがりの長さの「3倍＋端糸分」の位置を編みはじめとし、編んでいく。

ボトルカバー

コットン・持ち手つき・グリーン・くま　page 36-39

35

ボトルカバー　コットン

春夏に持ちたい、吸湿のいい100％コットン素材のカバー。

◉用意するもの

糸　コットンコナ No71（ブルー）35g
針　かぎ針4/0号

◉できあがりサイズ　径6.5cm×高さ16cm（ペットボトル500mℓ用）

本体

段	目数	check	編み方
1	7	□	● ×7
2	14	□	♥ ×7
3	21	□	(● + ♥)×7
4	28	□	(● ×2 + ♥)×7
5	35	□	(● ×3 + ♥)×7
6	42	□	(● ×4 + ♥)×7
7	49	□	(● ×5 + ♥)×7
8-47	49	□	● ×49

コットンコナ71　1本どり

21（49目）

こま編み（4/0号）

16（40段）

わ　7段

6.5

◉つくり方

1. 本体を編む

▶「わ」のつくり目をし、こま編みで輪に編む。立ち上がりはしない。
　2-7段の毎段で7目ずつ目を増やす。
　8-47段は増減なく49目で編む。

ボトルカバー　グリーン・持ち手つき

サイズがあえば、マイボトルカバーにも。保温、保冷両用です。

●用意するもの
◇ グリーン
糸　ミニスポーツ No685（黄緑）40g
針　かぎ針7/0号　毛糸用とじ針
◇ 持ち手つき
糸　ミニスポーツ No712（青緑）45g
針　かぎ針7/0号　毛糸用とじ針

●できあがりサイズ　径7.5cm×高さ15cm
（ホットはペットボトル500mℓ用・持ち手つきは350mℓ用）

くるくると編んでいくだけ。
好きな高さで終わっていいからね、
ぐるぐる編みの終わりは
ひき抜き編みでね。

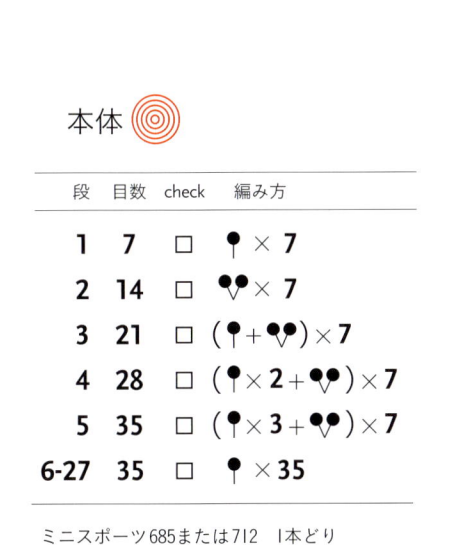

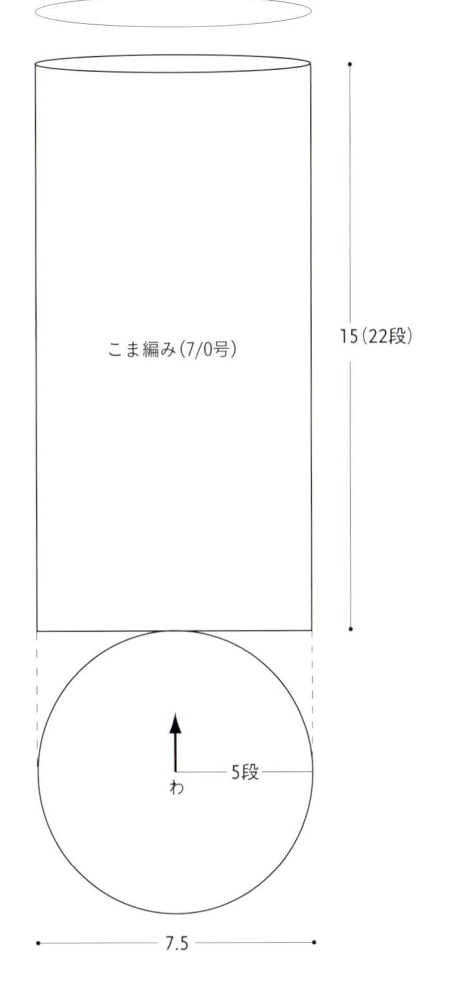

本体

段	目数	check	編み方
1	7	□	● ×7
2	14	□	♥ ×7
3	21	□	(● + ♥)×7
4	28	□	(● ×2 + ♥)×7
5	35	□	(● ×3 + ♥)×7
6-27	35	□	● ×35

ミニスポーツ685または712　1本どり

24（35目）

こま編み（7/0号）

15（22段）

わ　5段

7.5

持ち手スレッドコード編み
ミニスポーツ712　1本どり

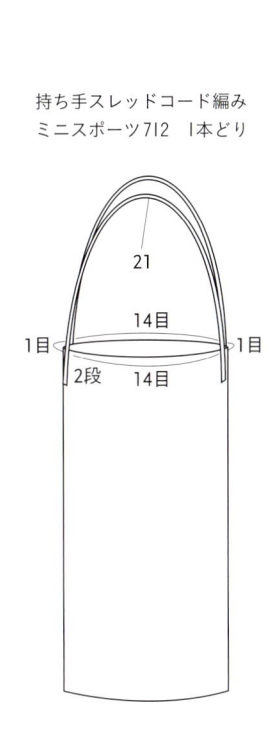

21
14目　1目
2段　14目

●つくり方
① コットン（←P36）と同じ編み方で5段まで編み、6-27段は増減なく35目で編む。
② 持ち手つきは、スレッドコード編み（→P33）で編んだ持ち手2本をカバー両脇に縫いつける。

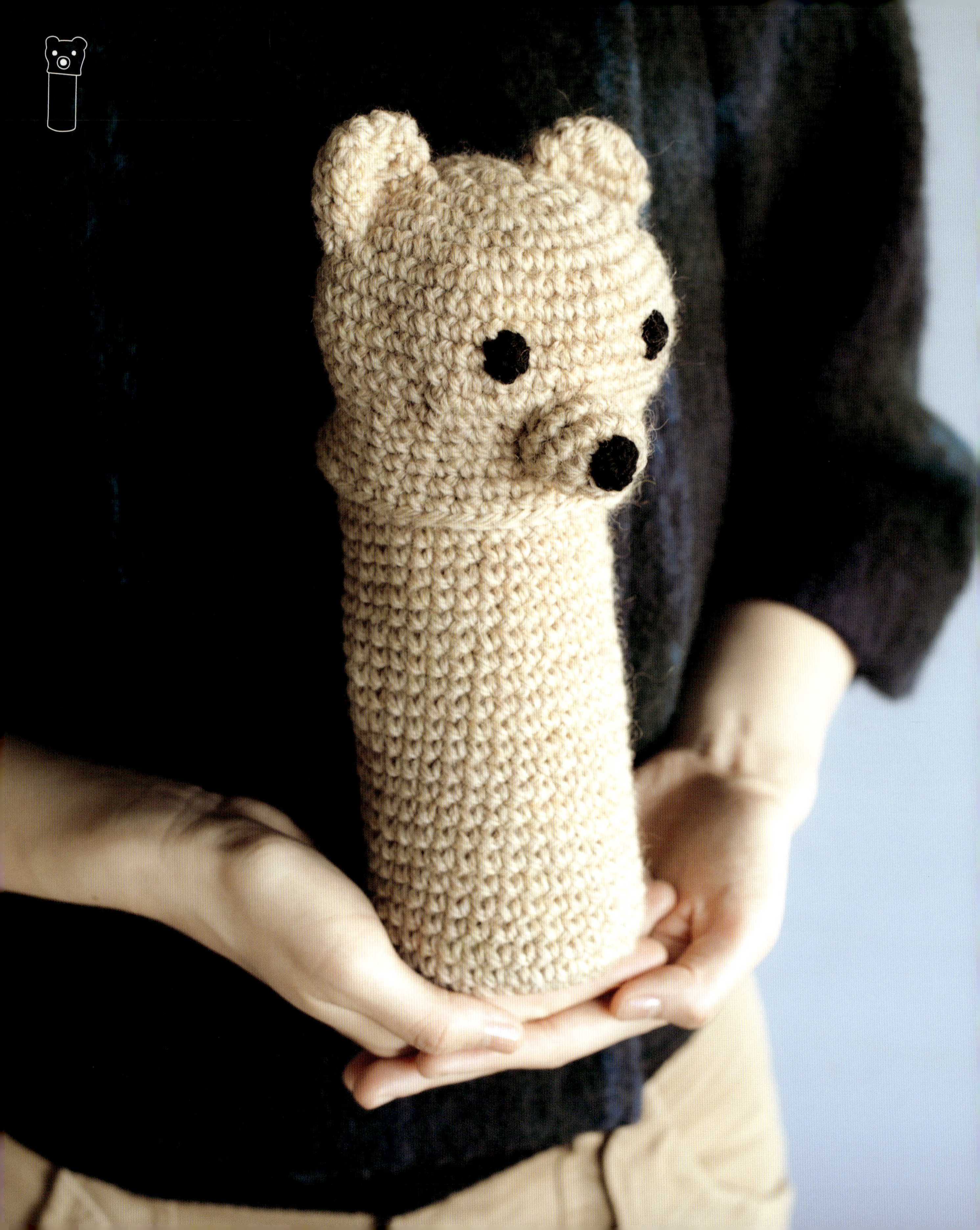

ボトルカバー　くま

愛嬌たっぷりの顔つきのカバー。

◉用意するもの
糸　ブリティッシュエロイカ No.182（ベージュ）75g
　　プリンセスアニー No.520（黒）少々
針　かぎ針 7/0号　4/0号　毛糸用とじ針
◉できあがりサイズ　径7.5cm×高さ26cm（ペットボトル500ml用）

頭はここが編みはじめ

先に顔のバランスを決めておくといい

パーツ

頭1枚

段	目数	check	編み方
1	7	□	● ×7
2	14	□	♥ ×7
3	21	□	(●+♥)×7
4	28	□	(●×2+♥)×7
5	35	□	(●×3+♥)×7
6	42	□	(●×4+♥)×7
7	49	□	(●×5+♥)×7
8-11	49	□	● ×49
12	42	□	(🅐+●×5)×7
13	35	□	(🅐+●×4)×7
14-15	35	□	● ×35
16	37	□	♥+●×16+♥+●×17
17-18	37	□	● ×37

口もと1枚

段	目数	check	編み方
1	6	□	● ×6
2	12	□	♥ ×6
3-4	12	□	● ×12

耳2枚

段	目数	check	編み方
1	7	□	● ×7
2	14	□	♥ ×7
3-4	14	□	● ×14

鼻1枚

段	目数	check	編み方
1	8	□	● ×8

目2枚

段	目数	check	編み方
1	6	□	● ×6

頭・口もと・耳　ブリティッシュエロイカ182　1本どり（7/0号）
目・鼻　プリンセスアニー520　1本どり（4/0号）

◉つくり方

① 本体（胴）を編む
▶ ホット（→P37）と同じ編み方で5段まで編み、6〜30段は増減なく35目で編む。
　←ブリティッシュエロイカ182の1本どり（7/0号）

② パーツを編む
▶「わ」のつくり目をし、立ち上がりはしない。こま編みで輪に編む。
　頭は2〜7段の毎段で7目ずつ目を増やす。12〜13段は2目一度（→P66）をして7目ずつ減らし、16段で2目増やす。
　口もとは2段めで6目増やす。耳は2段めで7目増やす。
▶ パーツに糸端をつめ、頭に縫いつける。
▶ 頭の後ろ中央15段めの8目を、胴の最終段8目に縫いつける。

ミトン

ひもつきタイプ page 42-43

41

ミトン　ひもつきタイプ

ひもつきなので、片方が見つからない、なんてことがなくなります。

●用意するもの
◇両手分
糸　ソフトドネガル No 5206（深緑）35g、No 5236（黄緑）30g、No 5231（紫）12g
針　かぎ針7/0号　毛糸用とじ針
●できあがりサイズ　長さ20cm

わ
12（15段）
20（25段）
22（26目）

本体・親指　こま編み（7/0号）

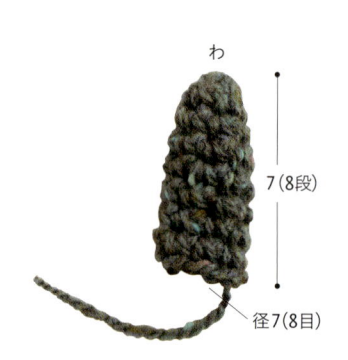

本体

2枚

段	目数	check	編み方
1	6	□	●×6
2	12	□	❤×6
3	18	□	(●+❤)×6
4	24	□	(●×2+❤)×6
5-14	24	□	●×24
15	24	□	○×3 (3目とばし)+(4目めから) ●×21
16	24	□	●×24
17	25	□	●+❤+●×22
18	25	□	●×25
19	26	□	●+❤+●×23
20-24	26	□	●×26
25	26	□	●×26

ソフトドネガル5206で1枚・5236で1枚　各1本どり

わ
7（8段）
径7（8目）

パーツ

親指2枚

段	目数	check	編み方
1	6	□	●×6
2	6	□	●×6
3	8	□	(●×2+❤)×2
4-8	8	□	●×8

ソフトドネガル5206で1枚・5231で1枚　各1本どり

親指が長くなってしまったら、
段数を減らしてね。

●親指のつけ方

くさりを編んで穴をあける。
親指分の3目をとばし、
その目数分のくさりを編む。

つぎの段はくさりの裏山を
ひろいながら編む。

親指は残しておいたこま編みの目と、くさりの目にとじつける。

●つくり方
ミトンは左右を同じに編み、たたみ方を変えて左と右をつくる。

1 本体を編む
▶「わ」のつくり目をし、こま編みで輪に編む。立ち上がりはしない。
　2-4段の毎段で6目ずつ目を増やす。
　15段で親指分としてくさり3目を編み、その分、前段のこま編み3目をとばして編む。
　17段、19段で1目ずつ目を増やし、25段はひき抜き編み26目で一周する。

2 親指を編む
▶「わ」のつくり目をし、こま編みで輪に編む。立ち上がりはしない。
　3段で2目増やす。
▶親指を本体にとじつける
　「紫」の指は「深緑」の本体、「深緑」の指は「黄緑」の本体につける。

3 ひもを編む
▶ソフトドネガル5231のスレッドコード編み(→P33)で140-145cm長さに編む。
▶ミトンに縫いつける。

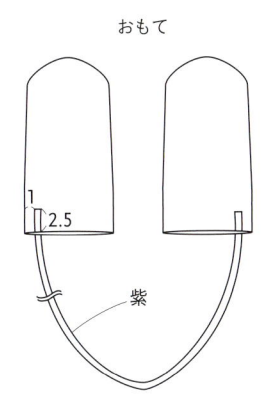

おもて

1
2.5

紫

ミトン

ワンワン！
（こんにちは！）

ワンワワン！
（僕はあったかいよ！）

いぬ・ふわふわ page 46-47

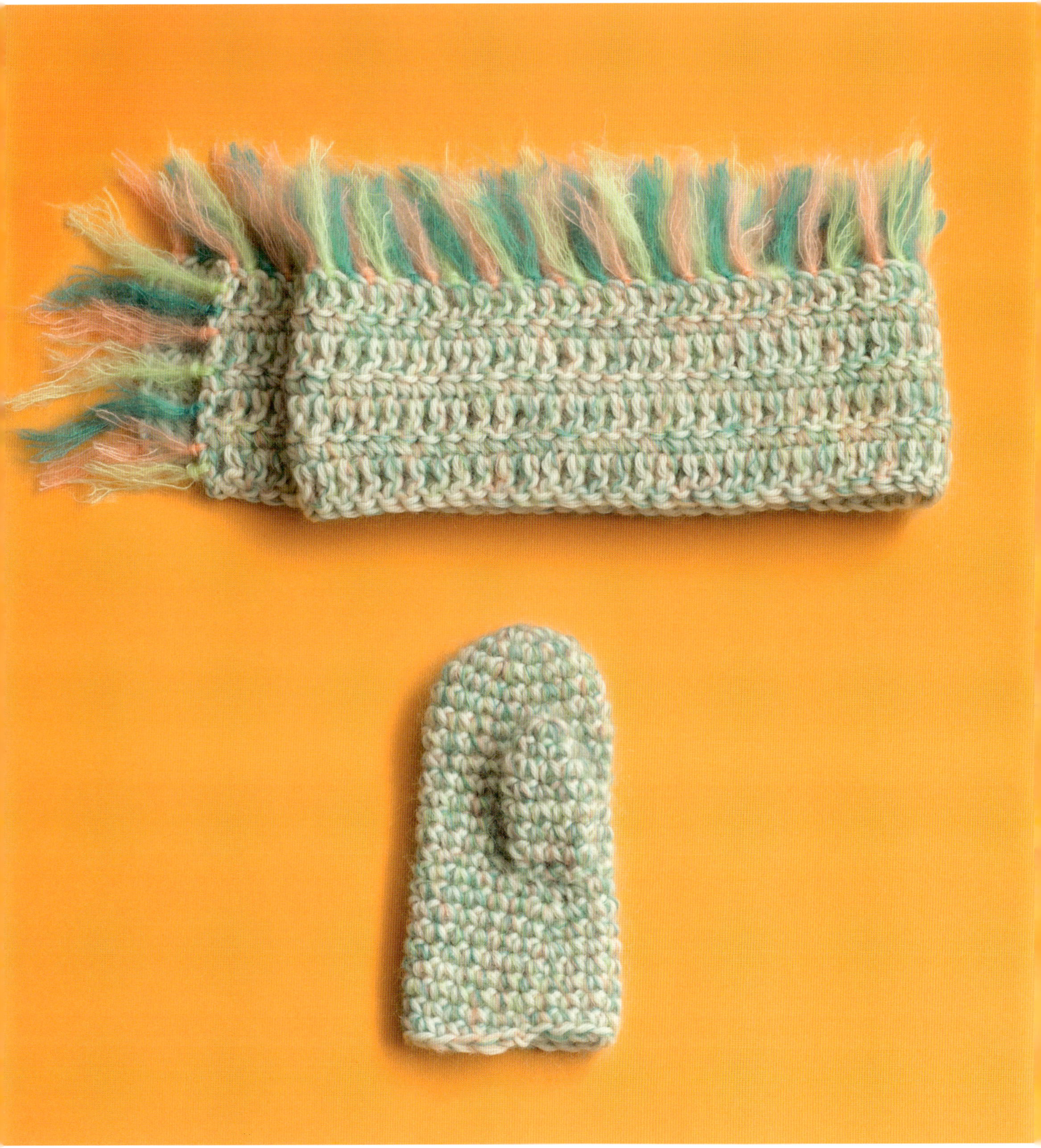

ミトン　いぬ

ペロッと出した舌がおちゃめなミトン。

●用意するもの
◇両手分
糸　ブリティッシュエロイカ No.191（黄）80g
　　　　　　　　　　　　No.192（茶）10g、No.116（赤）各少々
針　かぎ針8/0号　7/0号　毛糸用とじ針
●できあがりサイズ　長さ19cm

おもて　　　　　　　　　　　　うら

パーツ

鼻1枚

段	目数	check	編み方
1	8	□	●×8

○

舌1枚

段	目数	check	編み方
1	8	□	●×8

○

目2枚

段	目数	check	編み方
1	5	□	●×5

○

耳2枚

段	目数	check	編み方
1-4	6	□	●×6

∪

鼻・目　192　1本どり（7/0号）／舌　116　1本どり（7/0号）／耳　191　1本どり（8/0号）

●つくり方
1. 本体・親指は「ひもつきタイプ」と同じ編み図（→P42）で編み、親指を本体にとじつける。
　→ブリティッシュエロイカ191の1本どり（8/0号）
2. パーツを編み、糸端をつめてミトンに縫いつける。

ミトン　ふわふわ

マフラー（→P82）とセットにするとおしゃれな、モヘアを編み込んだ、カラフルなミトンです。

●用意するもの
◇両手分

糸　ミニスポーツ No420（アイボリー）80g
　　キッドモヘアファイン No50（ピンク）、No51（レモンイエロー）、No48（ターコイズ）各10g

針　かぎ針10/0号　毛糸用とじ針

●できあがりサイズ　長さ21cm

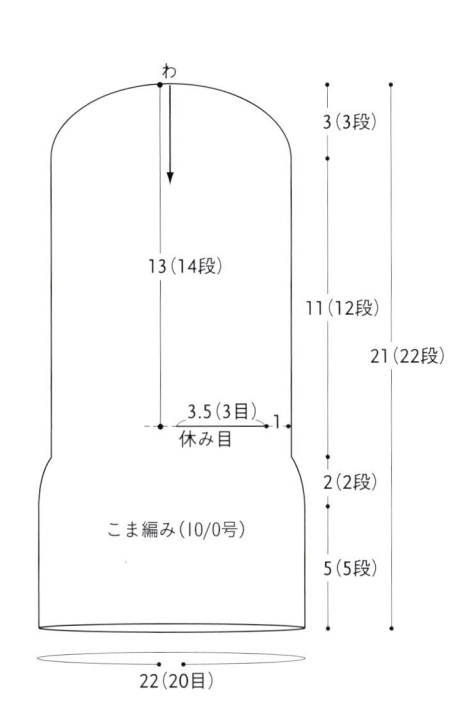

本体 2枚

段	目数	check	編み方
1	6	□	♦×6
2	12	□	♥×6
3	18	□	(♦+♥)×6
4-13	18	□	♦×18
14	18	□	○×3（3目とばし）+（4目めから）♦×15
15	18	□	♦×18
16	19	□	♦+♥+♦×16
17	19	□	♦×19
18	20	□	♦+♥+♦×17
19-22	20	□	♦×20

本体・親指　ミニスポーツとキッドモヘアファイン各色の4本どり

パーツ 親指2枚

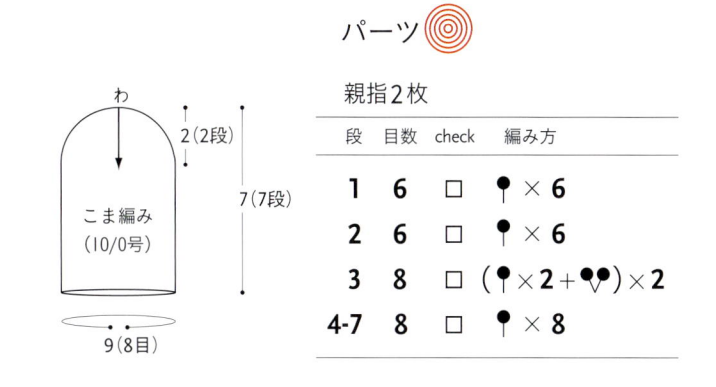

段	目数	check	編み方
1	6	□	♦×6
2	6	□	♦×6
3	8	□	(♦×2+♥)×2
4-7	8	□	♦×8

●つくり方

① 本体を編む
▶「わ」のつくり目をし、こま編みで輪に編む。立ち上がりはしない。
　2-3段の毎段で6目ずつ目を増やす。
　14段で親指分としてくさり3目を編み、その分、前段のこま編み3目をとばして編む。
　16段、18段で1目ずつ目を増やす。

② 親指を編み（3段めで2目増やす）、親指を本体にとじつける。

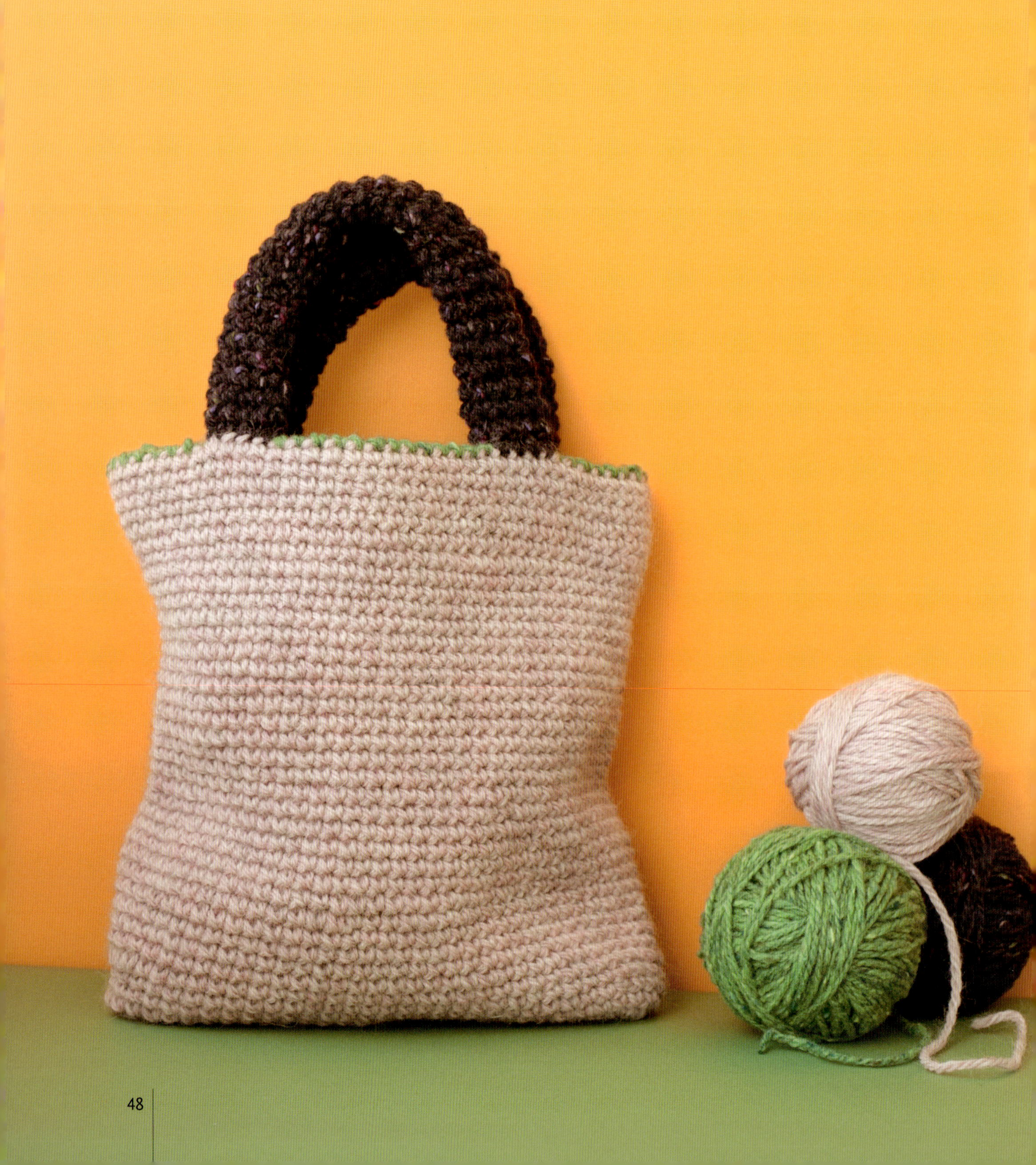

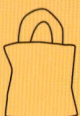

編みぐるむバッグ

既成の布バッグを編みくるんでつくるバッグ。中に入れる布バックの大きさに合わせてつくれます。

●用意するもの

糸　ブリティッシュエロイカ No180（ピンク）120g
　　ソフトドネガル No5231（紫）30g、No5236（黄緑）20g
　　グリーンの縫い糸
針　かぎ針7/0号　毛糸用とじ針　縫い針
布バッグ（マチなし・持ち手つき）　縦30cm×横26cm・持ち手長さ32cm

●できあがりサイズ　縦28cm×横26cm・持ち手長さ31cm

本体 ◎　底・側面

段	目数	check	編み方
つくり目		□	○×26
1	58	□	●×26 + ♥ + ●×26 + ♥
2	58	□	●×58
3	64	□	●×26 + ♥×3 + ●×26 + ♥×3
4-5	64	□	●×64
6	70	□	●×26 +（●+♥）×3 + ●×26 +（●+♥）×3
7-38	70	□	●×70　（●×2〜3）2〜3目編みすすむ

パーツ ◎　折り返し

段	目数	check	編み方
1	70	□	●×7 + ○×4 + ●×13 + ○×4 + ●×14 + ○×4 + ●×13 + ○×4 + ●×7
2-4	70	□	●×70

持ち手2本

段	目数	check	編み方
1-30	10	□	●×10

底・側面　ブリティッシュエロイカ180　1本どり
折り返し　ソフトドネガル5236　1本どり
持ち手　ソフトドネガル5231　1本どり

●つくり方

▶ つくり目はくさり26目を編み、両端で増し目をしながらくさりのまわりにこま編みを編む（→P64）。
　1段、3段、6段の両端で目を増やす。
▶ 布バッグを入れて持ち手をはさみながら折り返しを編み、バッグの持ち手を編みくるむ。

● 実際に、編んでみましょう

① 底から編みはじめる

つくり目は26目、布バッグの横幅より短めに編み、両端で増し目をしながらくさりの両側の目をひろってぐるりとこま編みで一周する。
湯たんぽカバーと同じ編み方 (→P64)。
両端で増し目をしながらぐるぐる6段編み、7段以降は毎段70目をキープしてどんどん編む。

ぐるぐる編んでいくと編み目が右に斜行していく。
最終段(38段め)は70目よりも2-3目多く編み、
編み終わりの位置がきちんとバッグの脇になるように補正する。

布バッグを中に入れる。
袋口でつきあわせ、内袋はたるませておく。

② 折り返しを編む

バッグの脇で糸を替えて編みはじめる (→P65)。
持ち手位置までこま編みを編み、
持ち手をはさんでくさりを4目編み、
その分前段4目をとばしてこま編みを編む。
←ミトンの親指のつけ方と同様 (→P43)。
2段めからは持ち手をはさみながらぐるぐる編む。

③ 持ち手を編みくるむ

持ち手部分のこま編みに糸をつけ、ひと目ずつこま編みを編む。
バッグの向きを変えながらぐるりと一周すると、10目のこま編みが編める。

あとは持ち手をはさみながらぐるぐる10目ずつ30段、布バッグの持ち手より1～2cm短めに編み上げ、端糸でしっかりと本体に縫いつける。
糸始末は、持ち手の中に糸をくぐらせておく。

④ 仕上げる

折り返しで、中袋の折り返しがかくれるようにくるみ、
まつり縫いでとめつける。

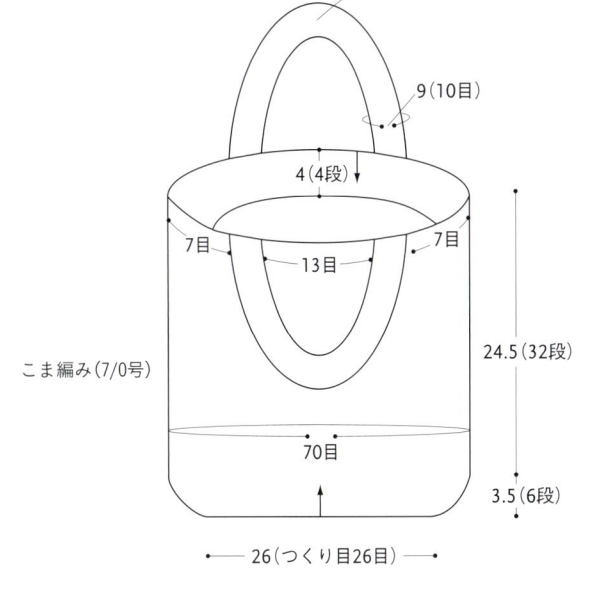

長さ31(30段)
9(10目)
4(4段)
7目　13目　7目
こま編み(7/0号)
24.5(32段)
70目
3.5(6段)
26(つくり目26目)

チャーム

きのこ・どんぐり・ハート・雪だるま　page 54-57

53

チャーム　きのこ

赤がきいているきのこモチーフのチャーム。色の組み合わせを楽しんで。

◦用意するもの

糸　クイーンアニー　No822（赤）8g、No880（アイボリー）5g
　　　　　　　　　No955（ベージュ）、No957（黄緑）、No962（水色）各少々
針　かぎ針6/0号　毛糸用とじ針
手芸綿　チェーン（18mm）　二重リング（31mm）　丸カン（10mm）

◦できあがりサイズ　高さ7cm

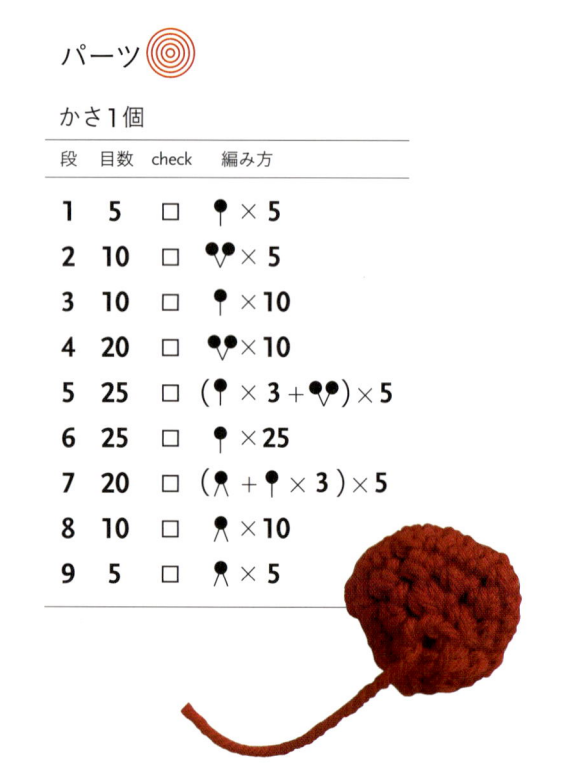

パーツ

かさ1個

段	目数	check	編み方
1	5	□	● ×5
2	10	□	♥ ×5
3	10	□	● ×10
4	20	□	♥ ×10
5	25	□	(● ×3 + ♥)×5
6	25	□	● ×25
7	20	□	(⋏ + ● ×3)×5
8	10	□	⋏ ×10
9	5	□	⋏ ×5

じく1枚

段	目数	check	編み方
1	7	□	● ×7
2	14	□	♥ ×7
3	11	□	⋏ ×3 + ● ×8
4	8	□	⋏ ×3 + ● ×5
5	8	□	● + ♥ + ● ×2 + ⋏ + ● ×2
6	8	□	● ×8

水玉6枚

段	目数	check	編み方
1	5	□	● ×5

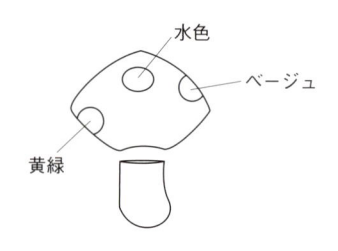

水色
ベージュ
黄緑

かさ　822　1本どり（6/0号）
じく　880　1本どり（6/0号）
水玉　955、957、962　1本どり（6/0号）

◦つくり方

① パーツを編む

▶「わ」のつくり目をし、こま編みで輪に編む。立ち上がりはしない。
　かさは、2段、4段、5段の各段で目を増やし、7-9段で目を減らす。
　へたは、2段で7目増やし、3-4段の毎段で3目ずつ減らす。
　水玉は、各色2枚ずつ編む。
▶かさに綿をつめ、水玉を縫いつける。
▶じくに糸端をつめ、かさに縫いつける。
▶かさの頭に丸カンをつけ、チェーン、リングをつける。

チャーム　どんぐり

秋冬らしさがグッと出るチャーム。バッグにつけるのもオススメ。

◉用意するもの

糸　クイーンアニー No973（黄土）10g、No982（こげ茶）6g
針　かぎ針6/0号　毛糸用とじ針
手芸綿　チェーン(18mm)　二重リング(31mm)　丸カン(10mm)

◉できあがりサイズ　高さ9cm

小さいものをつくるときは
とくに「ていねい」をこころがけてね。
ふぞろいの縫い目でも編み目でも。
ていねいだときれい。

パーツ

実1個

段	目数	check	編み方
1-2	5	□	● × 5
3	10	□	♥ × 5
4	20	□	♥ × 10
5-11	20	□	● × 20
12	16	□	(▲ + ● × 3) × 4
13	8	□	▲ × 8

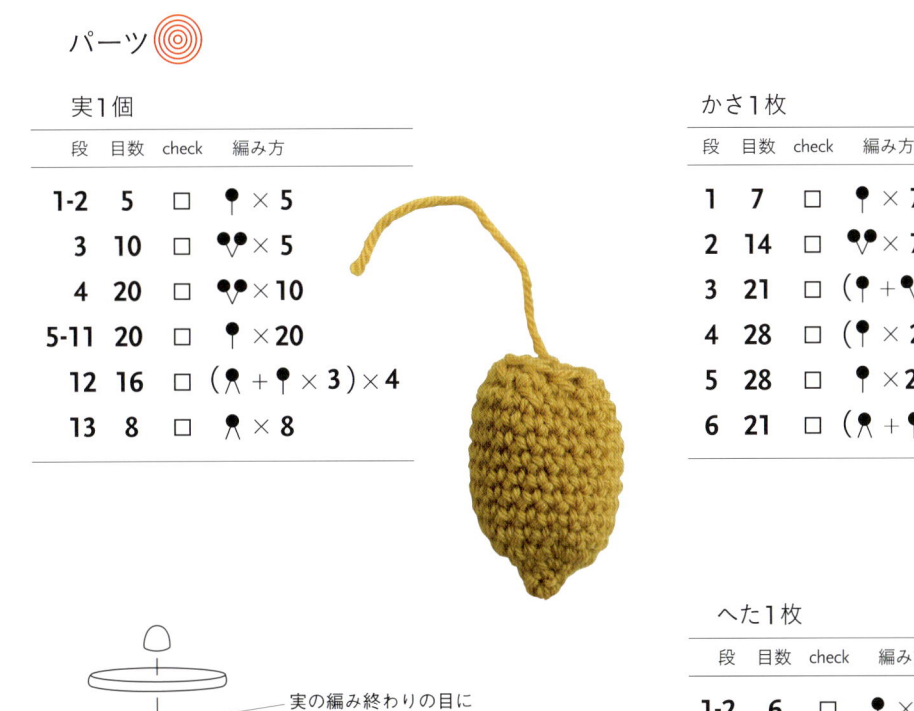

かさ1枚

段	目数	check	編み方
1	7	□	● × 7
2	14	□	♥ × 7
3	21	□	(● + ♥) × 7
4	28	□	(● × 2 + ♥) × 7
5	28	□	● × 28
6	21	□	(▲ + ● × 2) × 7

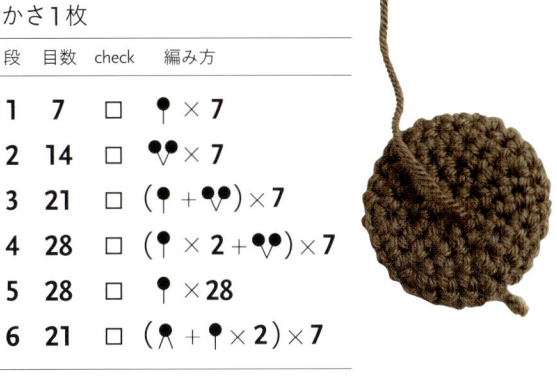

へた1枚

段	目数	check	編み方
1-2	6	□	● × 6

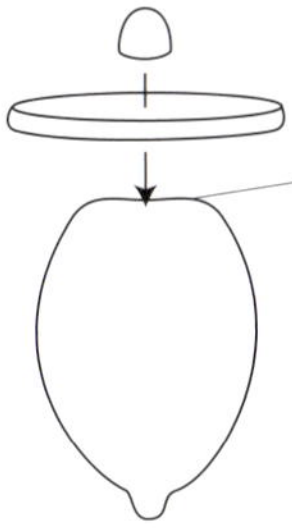

実の編み終わりの目に縫いつける

実　973　1本どり(6/0号)
かさ・へた　982　1本どり(6/0号)

◉つくり方

① パーツを編む

▶「わ」のつくり目をし、こま編みで輪に編む。立ち上がりはしない。
　実は、3-4段の毎段で目を増やし、12-13段の毎段で目を減らす。
　かさは、2-4段の毎段で7目ずつ目を増やし、6段で7目減らし、
　編み地を裏返し、裏目を表に使う。

▶ 実に綿をつめ、実の編み終わりの目にかさとへたをいっしょに縫いつける。

▶ へたの先に丸カンをつけ、チェーン、リングをつける。

チャーム　ハート

定番のハート型は甘すぎない色味で大人っぽくつくります。

◎用意するもの

糸　クイーンアニー No971（カーキ）8g
針　かぎ針6/0号　毛糸用とじ針
手芸綿　チェーン（18mm）　二重リング（31mm）　丸カン（10mm）

◎できあがりサイズ　高さ5cm

パーツ

a 1個

段	目数	check	編み方
1	6	□	♦×6
2	12	□	♥×6
3	12	□	♦×12 プラス2目（♦＋●）を編む

b・c 1個

段	目数	check	編み方
b 1	6	□	♦×6
b 2	12	□	♥×6
b 3	12	□	♦×11＋●
c 4	20	□	♦×20
c 5	18	□	♦×4＋⋏＋♦×8＋⋏＋♦×4
c 6	16	□	♦×4＋⋏＋♦×7＋⋏＋♦×3
c 7	11	□	（♦＋⋏）×5＋♦
c 8	7	□	（⋏＋♦）×3＋⋏
c 9	4	□	⋏×3＋●

a、b、c　971　1本どり（6/0号）

◎つくり方

① a、bを編む
▶「わ」のつくり目をし、こま編みで輪に編む。立ち上がりはしない。
　aは3段めの12目を編んだあと、「こま編み＋ひき抜き編み」の2目を編んで編み終わる。
　bは3段めの最後の目をひき抜き編みにし、糸を切らずにcにすすむ。

② a、bをつなげてcを編む
▶a、bを中表に合わせ、aに編みたした2目とbの2目をひき抜き編みする。
▶bの残り10目、aの残り10目をひろって4段めを編み、
　続けて目を減らしながらぐるぐる編み、途中で綿をつめる。
▶糸をひきしめ、ハートの頭に丸カンをつけ、チェーン、リングをつける。

◉ a、bのつなげ方

a、bは各3段まで編む。

中表に合わせ、aに編みたした2目とbの2目をひき抜き編みでつなぐ。

bの10目とaの10目をひろって一周、cの4段めを編む。

チャーム　雪だるま

ポイントになる大きめチャーム。カギを探す手間がなくなるかも？

○用意するもの

糸　クイーンアニー No802（白）16g、No962（水色）少々
　　ししゅう糸（黒・赤・緑・水色）各少々
針　かぎ針6/0号　毛糸用とじ針　縫い針
薄手フェルト（黒・赤・緑・水色）各少々　手芸綿　チェーン（18mm）　二重リング（31mm）　丸カン（10mm）

○できあがりサイズ　高さ15cm

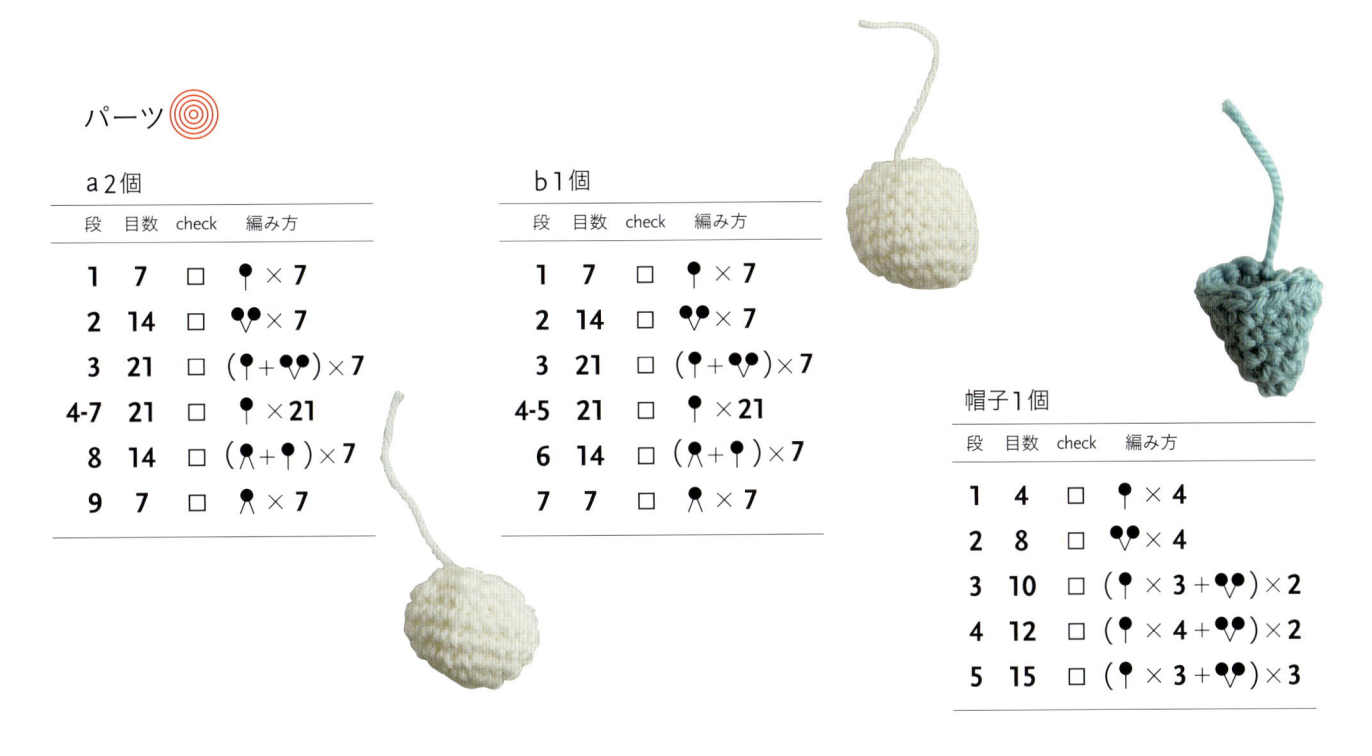

パーツ◎

a 2個

段	目数	check	編み方
1	7	□	♦×7
2	14	□	♥×7
3	21	□	(♦+♥)×7
4-7	21	□	♦×21
8	14	□	(♥+♦)×7
9	7	□	♠×7

b 1個

段	目数	check	編み方
1	7	□	♦×7
2	14	□	♥×7
3	21	□	(♦+♥)×7
4-5	21	□	♦×21
6	14	□	(♥+♦)×7
7	7	□	♠×7

帽子 1個

段	目数	check	編み方
1	4	□	♦×4
2	8	□	♥×4
3	10	□	(♦×3+♥)×2
4	12	□	(♦×4+♥)×2
5	15	□	(♦×3+♥)×3

○つくり方

1 パーツを編む

▶「わ」のつくり目をし、こま編みで輪に編む。立ち上がりはしない。
　aは、2-3段の毎段で7目ずつ目を増し、8-9段で7目ずつ目を減らす。
　bは、5段までaと同じに編み、6-7段の毎段で7目ずつ目を減らす。
　帽子は、2-5段の毎段で目を増やす。
▶パーツに綿をつめ、図のように重ねて縫いつける。
▶フェルトを目、鼻、口、水玉柄にカット、
　ししゅう糸1本どりのたてまつりで縫いつける。
▶帽子のトップに丸カンをつけ、チェーン、リングをつける。

a、b　802　1本どり（6/0号）
帽子　962　1本どり（6/0号）

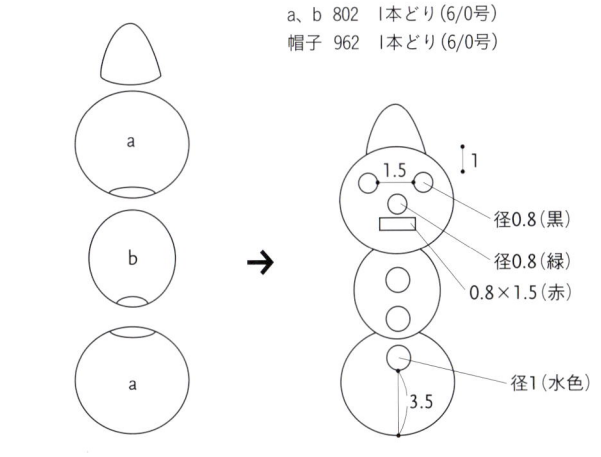

1.5
径0.8（黒）
径0.8（緑）
0.8×1.5（赤）
径1（水色）
3.5

上のa、bは天地の向きを逆に重ねる

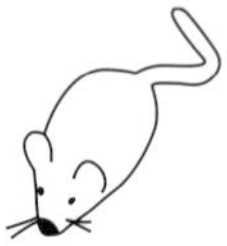

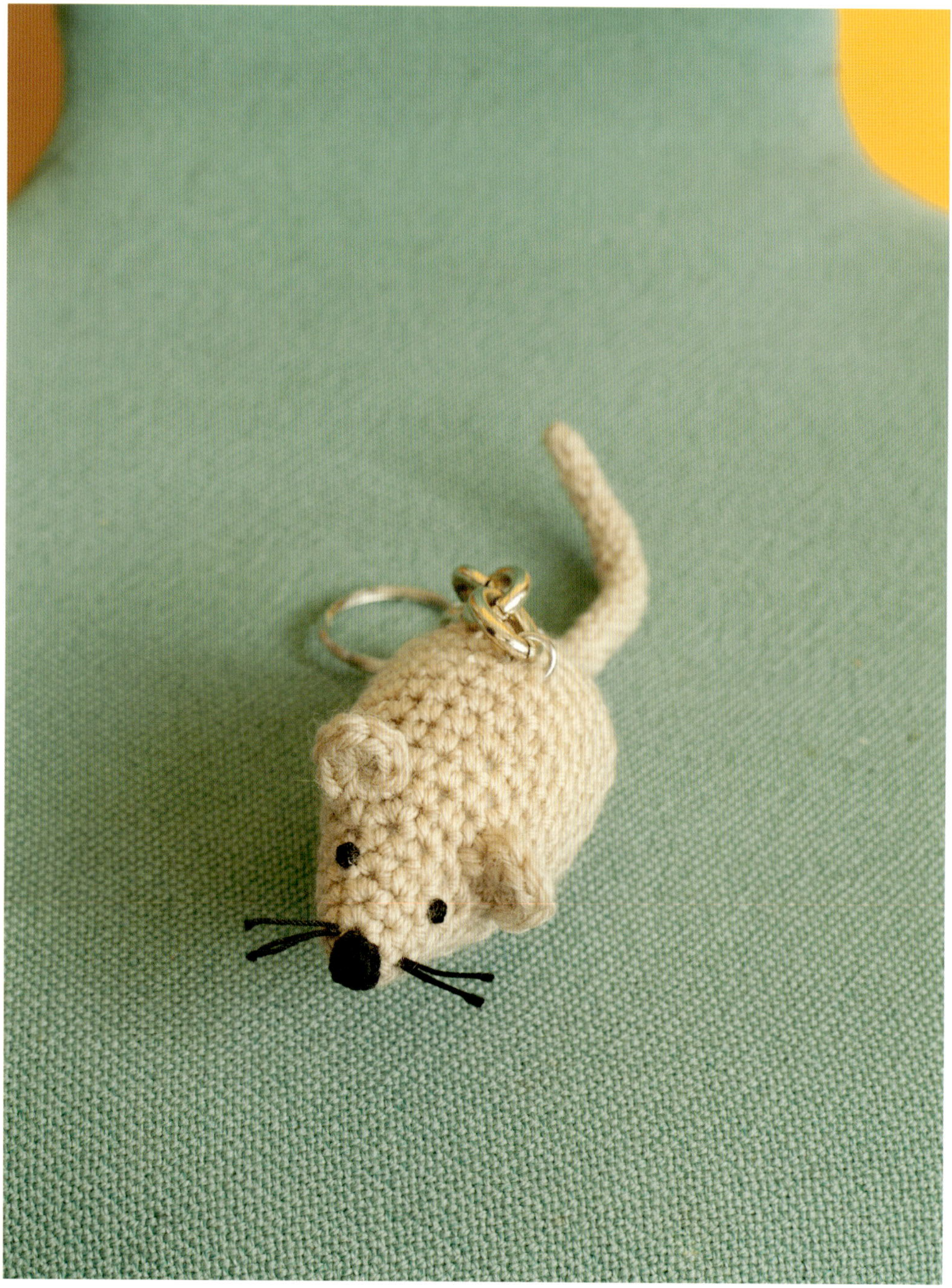

チャーム　ねずみ

長いしっぽのあみぐるみねずみのチャーム。

◉用意するもの

糸　クイーンアニー No955（ベージュ）16g
　　レース糸（黒）少々
針　かぎ針6/0号　4/0号　3/0号　毛糸用とじ針
手芸綿　チェーン(18mm)　二重リング(31mm)　丸カン(10mm)

◉できあがりサイズ　長さ11cm（しっぽ含む22cm）

本体

胴1個

段	目数	check	編み方
1	6	☐	● ×6
2	8	☐	(● ×2 + ♥) ×2
3	10	☐	(● ×3 + ♥) ×2
4	12	☐	(● ×4 + ♥) ×2
5	12	☐	● ×12
6	16	☐	(● ×2 + ♥) ×4
7	16	☐	● ×16
8	20	☐	(● ×3 + ♥) ×4
9	20	☐	● ×20
10	25	☐	(● ×3 + ♥) ×5
11-16	25	☐	● ×25
17	21	☐	● ×4 + (● ×2 + ⋏) ×4 + ● ×5
18	18	☐	● ×2 + (● ×3 + ⋏) ×3 + ● ×4
19	13	☐	● + (● + ⋏) ×5 + ● ×2
20	8	☐	● ×2 + ⋏ ×5 + ●
21	4	☐	⋏ ×4

パーツ

しっぽ1枚

段	目数	check	編み方
1-5	5	☐	● ×5
6	6	☐	♥ + ● ×4
7-24	6	☐	● ×6

耳2枚

段	目数	check	編み方
1	8	☐	● ×8

鼻1枚

段	目数	check	編み方
1	7	☐	● ×7

胴・耳　クイーンアニー955　1本どり(6/0号)
しっぽ　クイーンアニー955　1本どり(4/0号)
鼻　レース糸　1本どり(3/0号)

◉ひげのつけ方

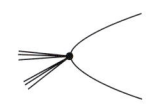

レース糸3本を鼻先に結ぶ

針を使ってひげを出したいところに出す

結び目は鼻でかくす

◉つくり方

1 パーツを編む

▶「わ」のつくり目をし、こま編みで輪に編む。立ち上がりはしない。
　胴は、10段まで目を増やしながら編む。17-21段で目を減らしながら編み、途中19段めで綿をつめる。しっぽは、6段で1目増やす。

▶本体にひげをつけ、鼻を縫いつける。

▶目はレース糸1本どりのフレンチ・ノット・ステッチ（結び玉をつくる）。

▶耳、しっぽを縫いつけ、胴に丸カンをつけ、チェーン、リングをつける。

湯たんぽカバー

家 page 62-67

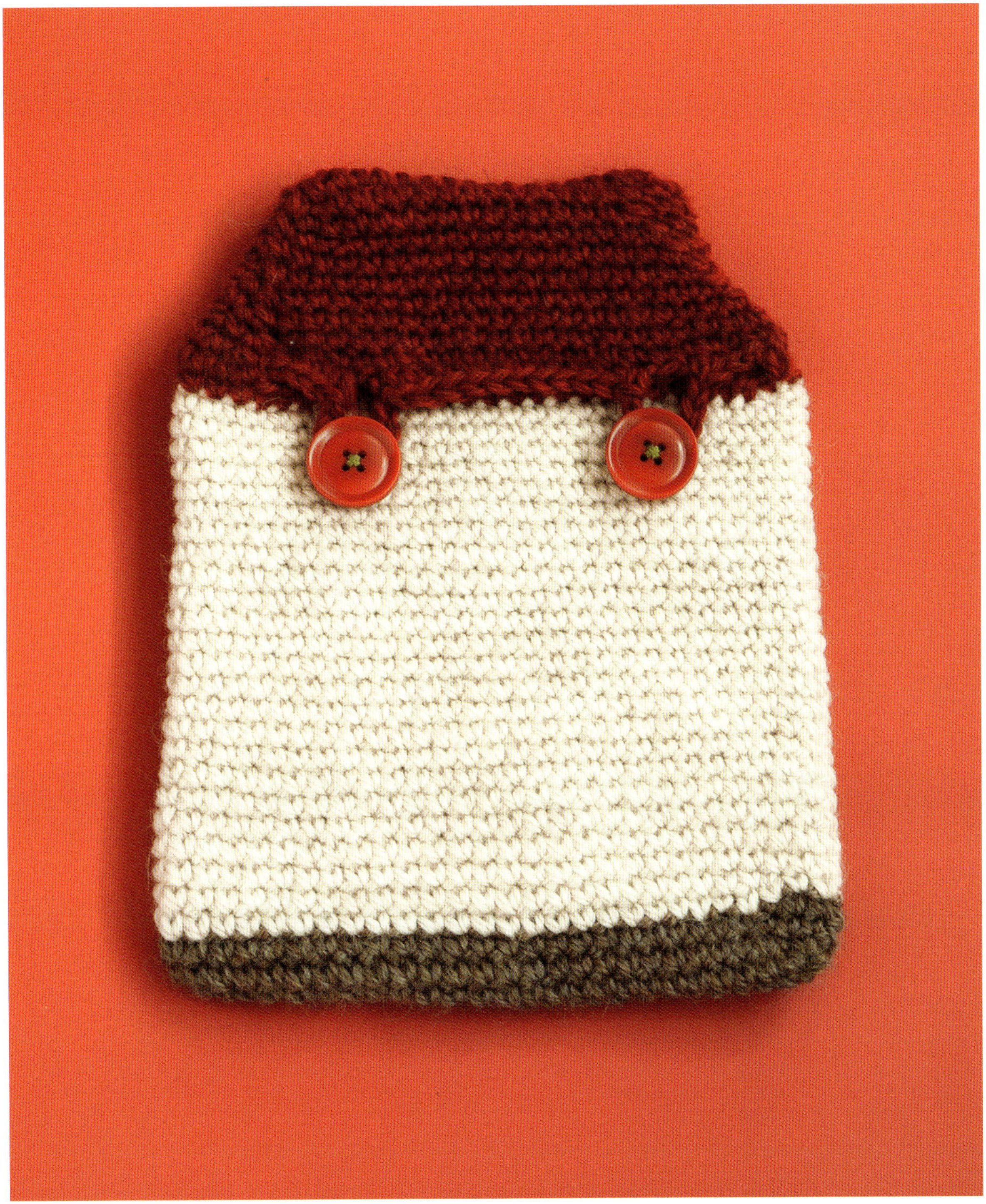

湯たんぽカバー　家

レンジであたためる湯たんぽがちょうど入るサイズ。あったかいお家です。

●**用意するもの**

糸　ブリティッシュエロイカ No.134(生成)70g、No.116(赤)20g、No.192(茶)10g
　　クイーンアニー No.962(水色)15g、No.982(こげ茶)5g、No.935(緑)少々
　　ボタン糸(緑)
針　かぎ針7/0号　6/0号　毛糸用とじ針　縫い針
赤の4つ穴ボタン(径2.4cm) 2個

●**できあがりサイズ**　幅18cm×高さ22.5cm

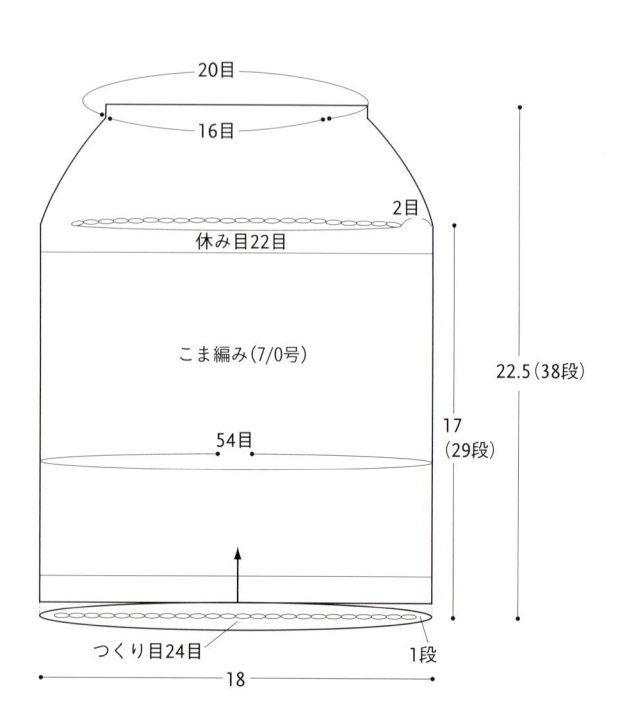

20目
16目
2目
休み目22目
こま編み(7/0号)
54目
22.5(38段)
17(29段)
つくり目24目
1段
18

ブリティッシュエロイカ192、134、116　各1本どり

本体

段	目数	check	編み方	
つくり目		□	○×24	
1	54	□	♪×24+♣+♪×24+♣	茶
2-3	54	□	♪×54	
4-26	54	□	♪×54	生成
27	54	□	♪×54（♪×2～3）2～3目編みすすむ	
28	54	□	♪×54	
29	54	□	♪×2+○×22+♪×30	
30	51	□	♠+♪×22+♠+♪×26+♠	
31	48	□	♠+♪×20+♠×2+♪×25	
32	46	□	♠+♪×19+♠+♪×25	
33	44	□	♠+♪×18+♠+♪×24	赤
34	42	□	♠+♪×17+♠+♪×23	
35	40	□	♠+♪×16+♠+♪×22	
36	38	□	♠+♪×15+♠+♪×21	
37	36	□	♠+♪×14+♠+♪×20	
38	16	□	15目(♪×15)だけ編みすすみ、ひき抜き編み(●×1)をする	

パーツ

ドアノブ

段	目数	check	編み方
1	5	□	♪×5

クイーンアニー 935　1本どり(6/0号)

編みはじめを見失わないように
自分なりのしるしをつけてね。
私は糸端をはさんでしるしにしているよ。

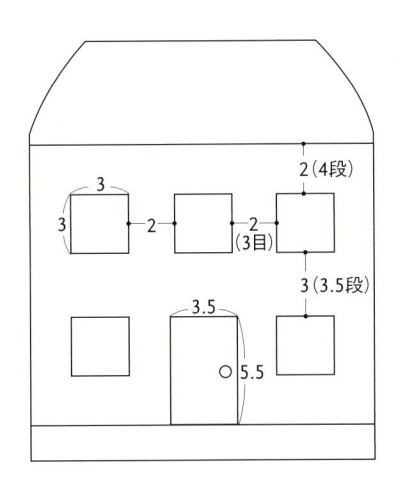

●つくり方

① 本体を編む

▶ つくり目はくさり24目を編み、両端で増し目をしながらくさりのまわりにこま編みを編む(→P64)。
配色を変え(→P65)、1-3段(茶)、4-27段(生成)、28-38段(赤)で編むが、
27段は2-3目多く編み、編み終わりの位置がカバーの脇になるようにする。
29段はくさり22目を編み、その分、前段の22目をとばしてあけ口をつくる。
30-37段で目を減らしながら編む。
38段はこま編み15目を編み、ひき抜き編み1目をする。
屋根部分(赤)を裏返し、編み地を重ねてこま編みでとじ、表に返す。

② ドア、ドアノブ、窓を編む

▶ ドアは、こま編み7目×12段の往復編み(クイーンアニー982の1本どり・6/0号)→1枚。
▶ 窓は、こま編み6目×6段の往復編み(クイーンアニー962の1本どり・6/0号)→5枚。
▶ ドアノブは、「わ」のつくり目をし、こま編み5目を編みいれる(クイーンアニー935の1本どり・6/0号)→1枚。
▶ 枚数分を編み、本体に縫いつける。

③ ボタンループを編む

▶ 本体あけ口のくさり目の反対側に赤の糸(7/0号)をつけ、こま編みを編みながらくさり10目のループを編む。
▶ ボタンをつける。

●実際に、編んでみましょう

① 底を編む

つくり目のまわりにぐるっとこま編みを編む。
両端で増し目をし、3目ずつ編み入れる「●●●」。
この3目とくさりの両側の2目で、
ひとつの目にこま編みを5目編んだことに。

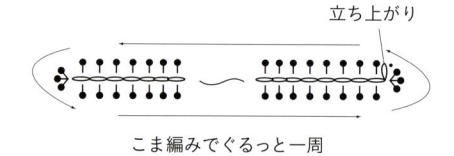

立ち上がり

こま編みでぐるっと一周

つくり目のくさり24目を編む。

立ち上がりを1目編み、くさり目の裏山と半目をひろいこま編みを編む。

こま編みで編みすすみ、端のくさり目には、脇からもこま編み3目を編みいれる。
編み地の向きを変え、こんどは同じくさり目の反対側からもこま編みを1目編みいれる。

反対側は、くさり目の残った半目を
ひろいながらこま編みですすむ。

端のくさり目にもういちど3目を編みいれ、
段の終わりは最初のこま編みの目にひき抜く。

次段からは、立ち上がりなしに
ぐるぐる編んでいく。

② 糸を替える

段差を補い、見た目をきれいに糸を替える方法。

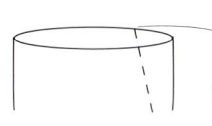

ぐるぐる編んでいくと編み目が右に斜行する

斜行により、27段めの編み終わりは脇よりずれる。

2-3目多く編みすすめてずれ分を補正。

脇でひき抜き編みし、くさりを1目編んでから糸を切る。同じ目に針を入れ、赤糸をひきだし、くさりを1目編む。

あとは赤糸のこま編みでぐるぐる輪に編んで、屋根のかたちをつくっていく。

③ あけ口をつくる

ミトン（→P43）同様、あけ口の大きさ分のくさりを編む。

あけ口分のくさり（ここでは22目）を編み、その分、前段のこま編み22目をとばしてこま編みを編む。
次段はくさりの目をひろってこま編みを編む。

65

4 目を減らしていく

「2目一度 ♠」という、目をひとつ減らす方法。屋根の両脇で目を減らしていく。

前段の最初の目の頭2本をすくい、
針を入れて糸をひきだし、
ループをひとつつくる。

つぎの目にも針を入れ、
糸をひきだしてもうひとつループをつくる。

針に糸をかけ、針にかかった3つのループを
いっぺんにひき抜くと1目編め、目が1目減る。

● もういちど編んでみましょう

前段の目に針を入れ、
糸をひきだす。

つぎの目にも針を入れ、
糸をひきだす。

針にかかった3つのループを
いっぺんにひき抜く。

5 こま編みではぐ

「目」と「目」をこま編みではぐ方法。

屋根の編み上がりの位置をそろえるために、
さらに15目編みすすめ、ひき抜き編み1目をしておく。

あけ口から屋根の部分をひっくり返し、編み地の裏側を表にする。

糸玉をあけ口からくぐらせたら、編み地の左右を逆にする。

編み地の前後を重ねてこま編みをする→目と目をつきあわせ、両方の目に針をいれ、糸をひきだし、くさり1目で立ち上がる。
もういちど両方の目に針をいれて糸をひきだし、針先に糸をかけ、針にかかったループをいっぺんにひき抜く。

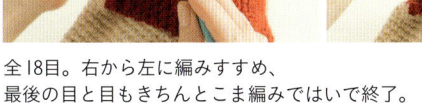

全18目。右から左に編みすすめ、
最後の目と目もきちんとこま編みではいで終了。

屋根の部分が裏なので、くるりと表に返す。

6 ボタンループを編む

くさり編みでループを編む方法。

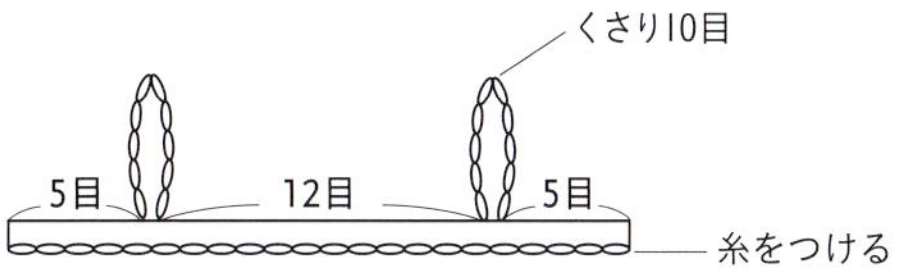

くさり10目
5目 12目 5目
糸をつける

編み地の天地を逆にし、
あけ口のくさり目に糸をつける。

こま編みですすみ、
途中でくさり10目を編む。

つぎの目にもどってこま編みを編み、
くさりのループをひとつ完成させる。

あけ口の2カ所で
同様のループをつくる。

67

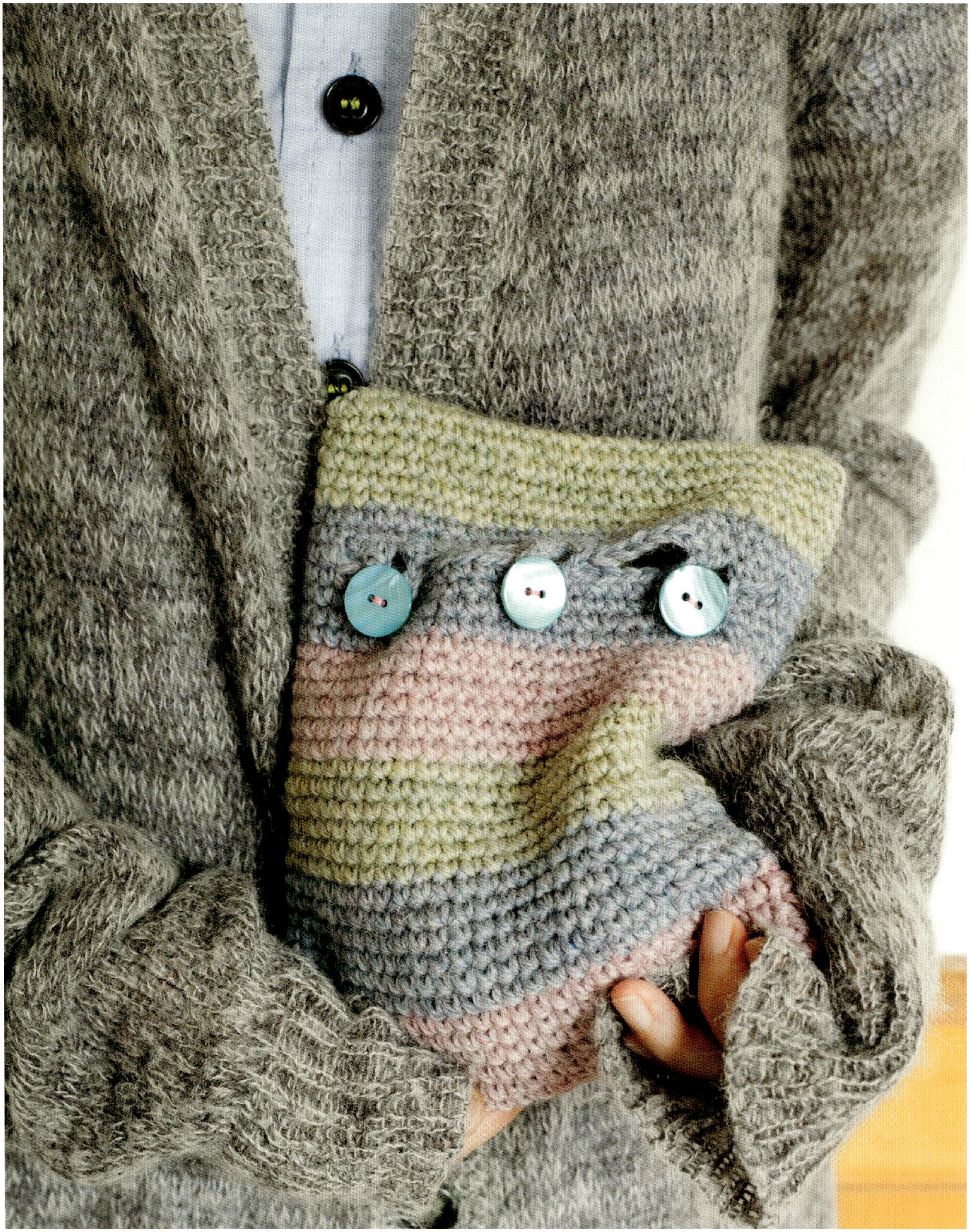

湯たんぽカバー　しましま

ほっとする、やさしい色のしましまが楽しめます。

●用意するもの

- 糸　ブリティッシュエロイカ No180（ピンク）、No188（うす青）、No187（うす緑）各30g
  ボタン糸（ピンク）
- 針　かぎ針7/0号　縫い針
- 径2cmの2つ穴ボタン（ブルー）3個

●できあがりサイズ　幅18cm×高さ22cm

本体

段	目数	check	編み方
つくり目		□	○×24
1	54	□	●×24 + ✿ + ●×24 + ✿
2-28	54	□	●×54
29	54	□	●×2 + ○×22 + ●×30
30-36	54	□	●×54

ブリティッシュエロイカ180、188、187　各1本どり

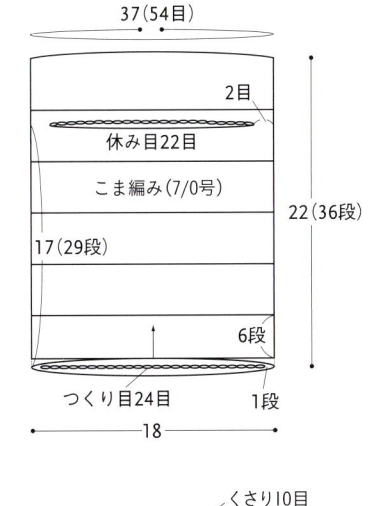

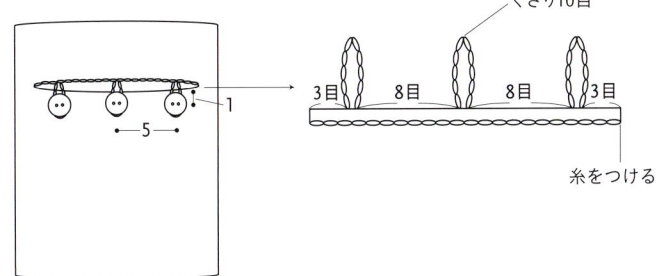

図：
- 37（54目）
- 2目
- 休み目22目
- こま編み（7/0号）
- 17（29段）
- 22（36段）
- 6段
- つくり目24目　1段
- 18
- くさり10目
- 3目　8目　8目　3目
- 糸をつける
- 5

●つくり方

[1] 本体を編む

▶ つくり目はくさり24目を編み、両端で増し目をしながらくさりのまわりにこま編みを編む（→P64）。
ピンク、うす青、うす緑の順に6段ごとに配色を変えて「しま」に編む。
しまに編むときは、段ごとに立ち上がりを1目編み、段の終わりは段のはじめの目にひき抜き編みをする。
29段はくさり22目を編み、その分、前段の22目をとばしてあけ口をつくる。
36段まで編み、編み地を裏返す。重ねあわせてこま編みでとじ、表に返す。

[2] ボタンループを編む

▶ あけ口のくさり目の反対側にうす青の糸（7/0号）をつけ、こま編みを編みながらくさり10目のループを編む。

▶ ボタンをつける。

●しまの編み方

段の終わりは、段のはじめの目にひき抜き編みし、
針にかかったループからつぎの配色糸を引き出して、立ち上がりを1目編む。

あとはつけ替えた糸で編みすすむ。

ルームシューズ

赤・ねずみ page 72-75

ねずみでチュー

71

ルームシューズ　赤

赤とグレーの色使いが大人っぽいルームシューズです。

◦**用意するもの**
糸　ブリティッシュエロイカ No.116（赤）80g、No.120（グレー）10g
針　かぎ針7/0号　毛糸用とじ針
◦**できあがりサイズ**　長さ24.5cm

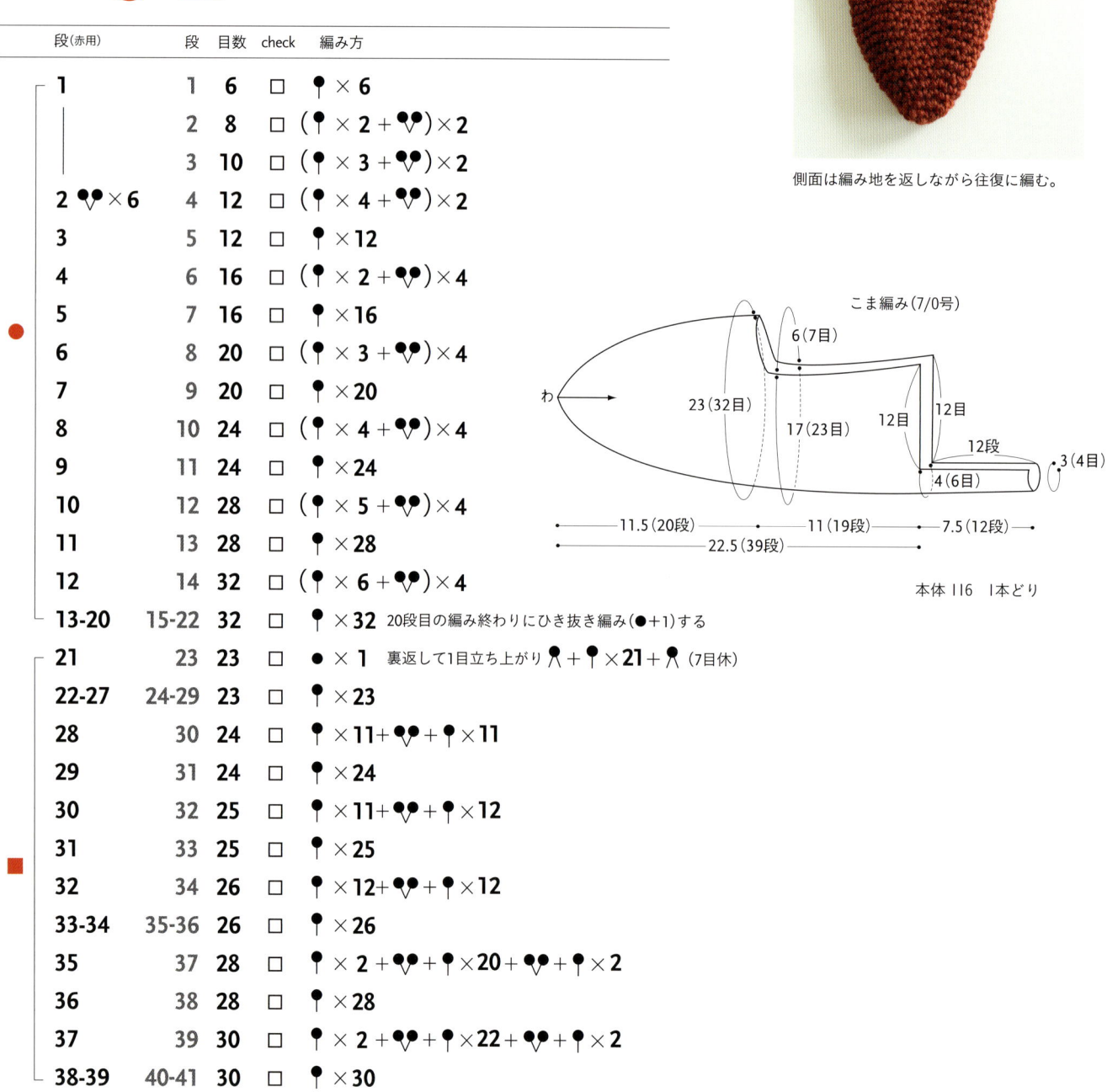

本体 ◎ ＋ ≡

段(赤用)	段	目数	check	編み方
1	1	6	□	♀×6
	2	8	□	(♀×2＋♥)×2
	3	10	□	(♀×3＋♥)×2
2 ♥×6	4	12	□	(♀×4＋♥)×2
3	5	12	□	♀×12
4	6	16	□	(♀×2＋♥)×4
5	7	16	□	♀×16
6	8	20	□	(♀×3＋♥)×4
7	9	20	□	♀×20
8	10	24	□	(♀×4＋♥)×4
9	11	24	□	♀×24
10	12	28	□	(♀×5＋♥)×4
11	13	28	□	♀×28
12	14	32	□	(♀×6＋♥)×4
13-20	15-22	32	□	♀×32 20段目の編み終わりにひき抜き編み(●+1)する
21	23	23	□	●×1 裏返して1目立ち上がり ♈＋♀×21＋♈ (7目休)
22-27	24-29	23	□	♀×23
28	30	24	□	♀×11＋♥＋♀×11
29	31	24	□	♀×24
30	32	25	□	♀×11＋♥＋♀×12
31	33	25	□	♀×25
32	34	26	□	♀×12＋♥＋♀×12
33-34	35-36	26	□	♀×26
35	37	28	□	♀×2＋♥＋♀×20＋♥＋♀×2
36	38	28	□	♀×28
37	39	30	□	♀×2＋♥＋♀×22＋♥＋♀×2
38-39	40-41	30	□	♀×30

側面は編み地を返しながら往復に編む。

こま編み(7/0号)
わ → 23(32目)　17(23目)　6(7目)　12目　12目　12段　3(4目)　4(6目)
11.5(20段)　11(19段)　7.5(12段)
22.5(39段)

本体 116　1本どり

右段(グレー)はねずみ用

◦つくり方

編み図(→P72)はねずみのルームシューズと兼用、赤は左側の段を見て編む。

「輪」で編みはじめ、途中から往復編みで編む。

①つま先を編む

▶「わ」のつくり目をし、こま編みで輪に編む。立ち上がりはしない。
　1段めは「わ」のなかに6目編みいれ、
　2段めは1目に2目ずつ編んで6目増やし、3-12段の偶数段で4目ずつ目を増やす。
　13-20段は増減なく32目で編み、ひき抜き編みで終わる。

② 側面を編む

▶つま先に続けて往復編みで編む。
　まず、編み地を裏返し、くさり1目で立ち上がる。
　「2目一度(→P66)」をし、こま編みを21目編み、もういちど「2目一度」をし、
　残り7目は編まないで次段にすすむ。
　28段、30段、32段は底中心で1目ずつ目を増やし、35段、37段は足首の両脇で2目ずつ目を増やす。
　38-39段は増減なく30目で編む。

❷ 側面の編み方

つま先は表を見ながら輪に編み、
側面は裏表を見て往復に編む。編み地を裏に返し、くさり1目で立ち上がる。

つぎに2目一度(→P66)をして目を減らす。

段の終わりでもういちど2目一度をし、7目を編まずに次段にすすむ。
次段は編み地の表を見ながら編み、あとは同様、段ごとに編み地を返しながら編む。

パーツ ≡

かかと

段	目数	check	編み方
1-6	6	□	● × 6
7	5	□	● × 2 + ⋏ + ● × 2
8-9	5	□	● × 5
10	4	□	● × 1 + ⋏ + ● × 2
11-12	4	□	● × 4

かかと　ブリティッシュエロイカ120　1本どり(7/0号)

矢印の段と目を中表にとじる。

③ かかとを編む
▶ 往復編みで編む。
側面最終段13目めに糸をつけ、立ち上がりのくさり1目を編み、こま編み6目を編む。
7段、10段の中央で「2目一度」(→P66)をして目を減らす。
12段まで編み、かかとの段と側面の目を中表にとじ、表に返す。

● かかとの編み方・とじ方

側面最終段13目めに糸をつけ、くさり1目で立ち上がり、こま編み6目を編む。
途中で目を減らしながら往復編みで12段編む。

編み終わった段と側面の残りの目を中表につきあわせ、段と目を巻きかがる。両側を同様にかがり、表に返す。

ルームシューズ　ねずみ

毎日を楽しい気分にしてくれる、ねずみのルームシューズ。

●**用意するもの**
糸　アルパソフト No.813（グレー）120g　プリンセスアニー No.520（黒）10g
　　レース糸（黒）少々
針　かぎ針 7/0号　5/0号　3/0号　毛糸用とじ針
●**できあがりサイズ**　長さ 26cm

小さくなってしまったら、
往復編みのところの増減のない段を
繰り返して編んでね。
大きくなってしまったら、
往復編みのところの増減のない段を
とばして編んでね。

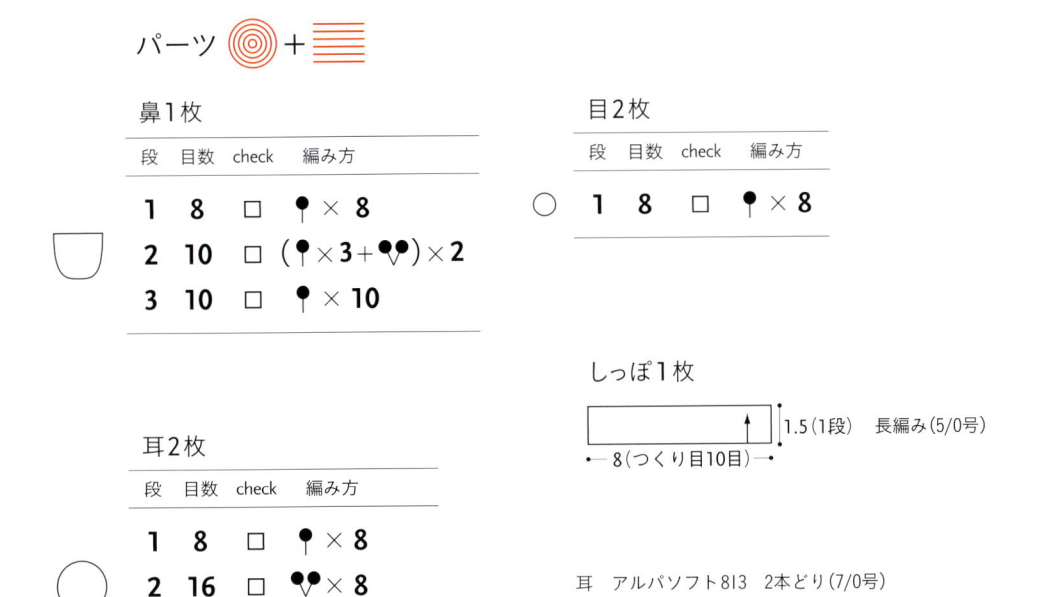

パーツ ◎ ＋ ≡

鼻1枚

段	目数	check	編み方
1	8	□	●×8
2	10	□	(●×3+♥)×2
3	10	□	●×10

目2枚

段	目数	check	編み方
1	8	□	●×8

しっぽ1枚

1.5（1段）　長編み（5/0号）
←8（つくり目10目）→

耳2枚

段	目数	check	編み方
1	8	□	●×8
2	16	□	♥×8
3	24	□	(●+♥)×8

耳　アルパソフト813　2本どり（7/0号）
鼻・しっぽ　プリンセスアニー520　1本どり（5/0号）
目　レース糸　1本どり（3/0号）

●**つくり方**

1 **本体を編む**
赤と同じ編み図（→P72）で右側（グレー）の段を見て編む。→アルパソフト813の2本どり（7/0号）
▶つま先で「わ」のつくり目をし、こま編みで輪に編む。
　1段めは「わ」のなかに6目を編みいれ、
　2-4段の毎段で2目ずつ目を増やす。
　5-41段は、赤の3-39段と同じ編み方で編む（23-41段は往復編み）。

2 **かかとを編む**
▶編み図（→P74）を見て赤と同様に編み、側面の目ととじあわせる。

3 **パーツを編む**
▶目、鼻、耳は「わ」のつくり目をし、こま編みで輪に編む。立ち上がりはしない。
▶しっぽはつくり目のくさり10目を編み、長編み（→P84-85）を1段編む。
▶本体にひげをつけ、鼻をつける（→P59）。残りのパーツを本体に縫いつける。

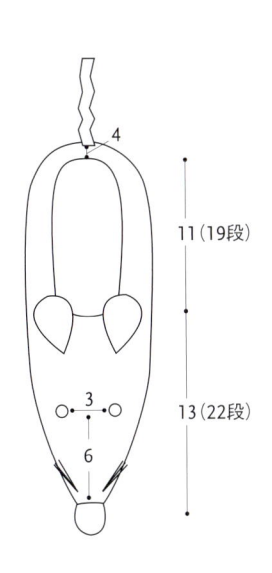

4
11（19段）
3
6
13（22段）

いすの脚カバー

76 | チャ・しましま・ひよこの足・サンタのブーツ　page 78-79

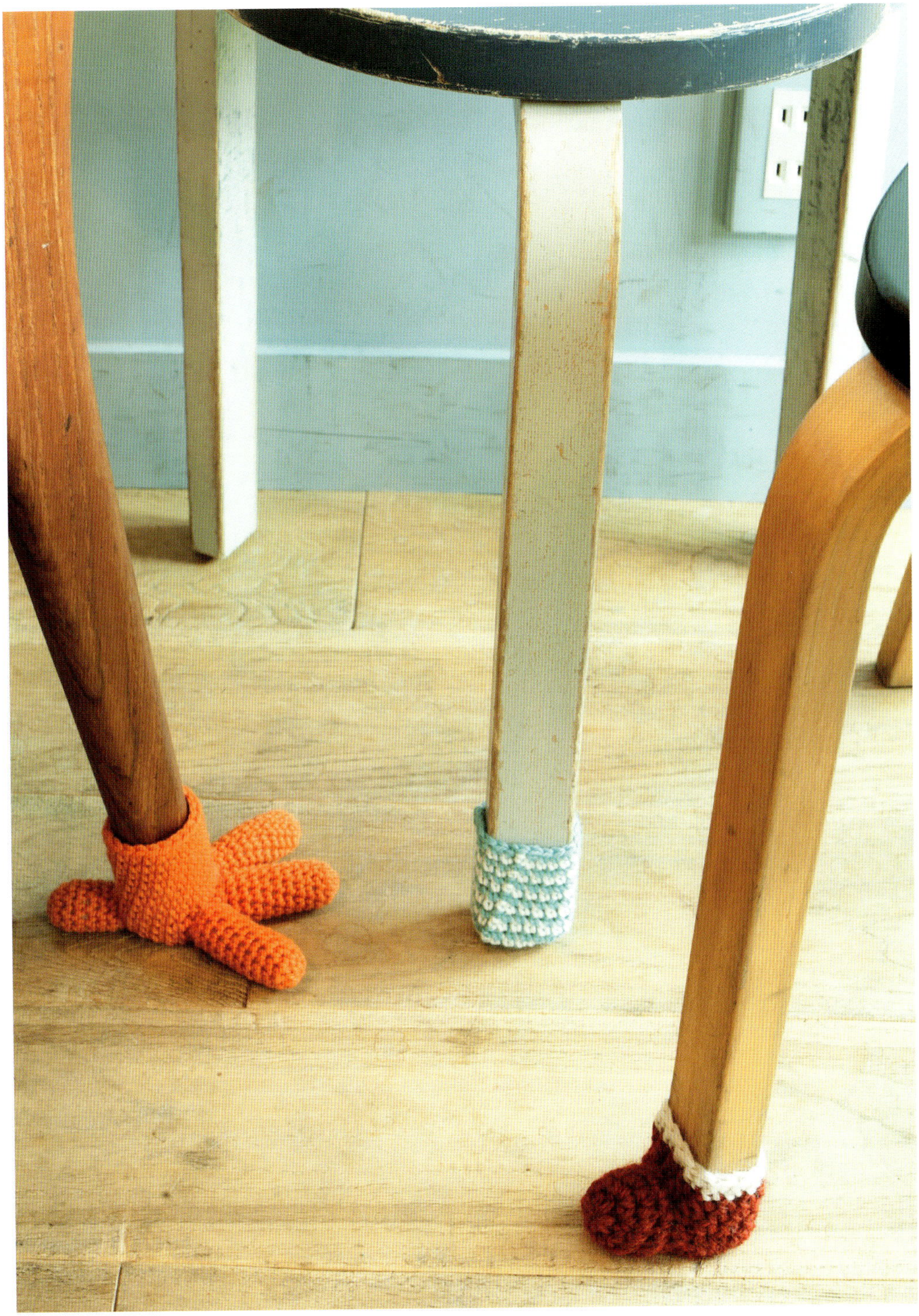

いすの脚カバー　チャ・しましま・ひよこの足・サンタのブーツ

いすの脚にかぶせれば、おしゃれにも、床のキズ防止にも。

●用意するもの

◇チャ
糸　ブリティッシュエロイカ No192（茶）7g
針　かぎ針7/0号
●できあがりサイズ　径3.5cm×高さ6cm

◇しましま
糸　クイーンアニー No962（水色）5g、No802（白）5g
針　かぎ針6/0号
●できあがりサイズ　径3.5cm×高さ6.5cm

◇ひよこの足
糸　クイーンアニー No967（オレンジ）28g
針　かぎ針6/0号　毛糸用とじ針
手芸綿
●できあがりサイズ　径3.5cm×高さ7cm

◇サンタのブーツ
糸　ブリティッシュエロイカ No116（赤）11g、No134（生成）少々
針　かぎ針7/0号　毛糸用とじ針
手芸綿
●できあがりサイズ　径3.5cm×高さ6cm

チャ

本体1枚

段	目数	check	編み方
1	7	□	●×7
2	14	□	●●×7
3-10	14	□	●×14

ブリティッシュエロイカ192　1本どり（7/0号）

しましま

本体1枚

段	目数	check	編み方
1	7	□	●×7
2	14	□	●●×7
3	21	□	（●+●●）×7
4-15	21	□	●×21

クイーンアニー 962、802　各1本どり（6/0号）

●つくり方

▶「わ」のつくり目をし、こま編みで輪に編む（しましまを除き立ち上がりはしない）。
▶チャは、2段めで7目増やす。
▶しましまは、2-3段の毎段で7目ずつ増やし、奇数段は水色、偶数段は生成の糸でしまに編む（→P69）。
　しまに編むときは、段ごとに立ち上がりを1目編み、段の終わりは段のはじめの目にひき抜き編みをする。
▶ひよこの足は、本体を2-3段の毎段で7目ずつ増やして編み、指に綿をつめて、本体に縫いつける。
▶サンタのブーツは、本体1-9段を赤の糸で編み、10-11段を白の糸で編む。
　つま先を編み、綿をつめて、本体に縫いつける。

ひよこの足 ◎

本体1枚

段	目数	check	編み方
1	7	□	● ×7
2	14	□	●● ×7
3	21	□	(●+●●)×7
4-15	21	□	● ×21

短い指1枚

段	目数	check	編み方
1-6	10	□	● ×10

長い指3枚

段	目数	check	編み方
1-11	10	□	● ×10

クイーンアニー 967　1本どり（6/0号）

サンタのブーツ ◎

本体1枚

段	目数	check	編み方	
1	7	□	● ×7	赤
2	14	□	●● ×7	
3-9	14	□	● ×14	
10-11	14	□	● ×14	白

つま先1枚

段	目数	check	編み方
1	7	□	● ×7
2	14	□	●● ×7
3-4	14	□	● ×14

ブリティッシュエロイカ116、134　各1本どり（7/0号）

あまった糸を利用してちょこちょことつくれる、かわいいはたらきものだよ。

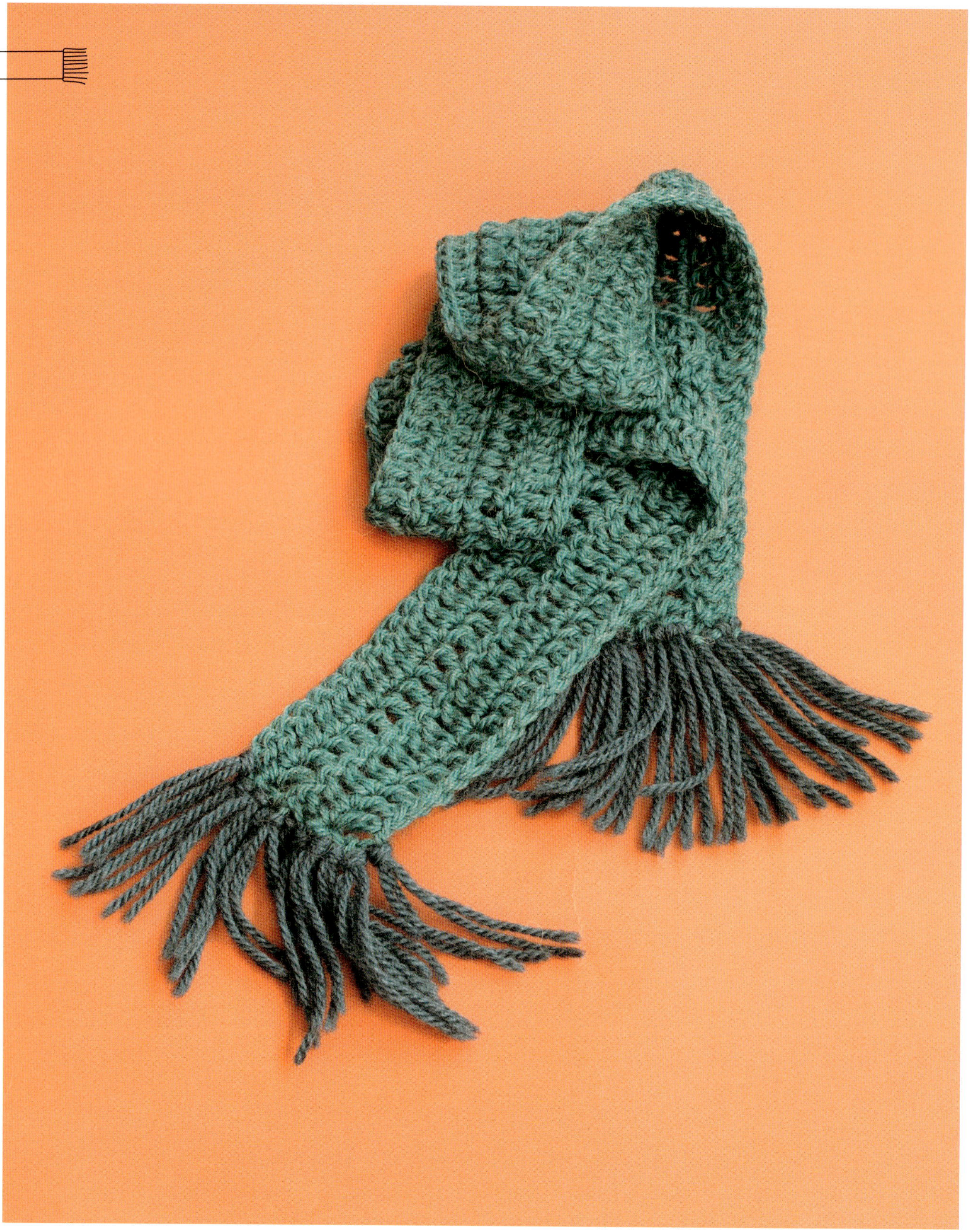

マフラー　みどり

ちょっとしたポイント使いに便利な細身の長編みマフラーです。

●用意するもの
糸　ブリティッシュエロイカ No184（深緑）60g、No101（紺）15g
針　かぎ針10/0号

●できあがりサイズ　フリンジ含む長さ134cm

本体

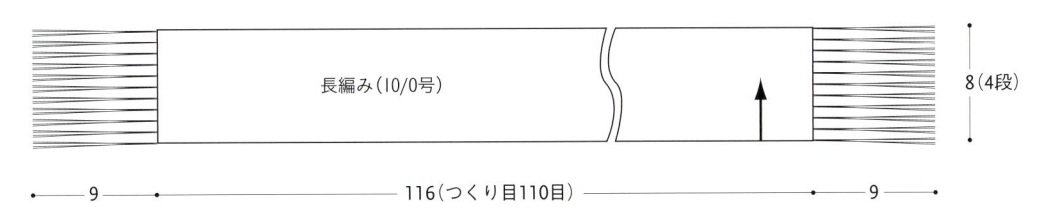

長編み（10/0号）

8（4段）

9 — 116（つくり目110目） — 9

ブリティッシュエロイカ184　1本どり

●つくり方

1. 本体を編む
▶ つくり目のくさり110目を編み、長編みの往復編みで増減なく4段編む。

2. フリンジをつける
▶ 紺を2本どりにし、長さ24cmにカット。これを22セットつくり、本体両端につける。

●フリンジのつけ方

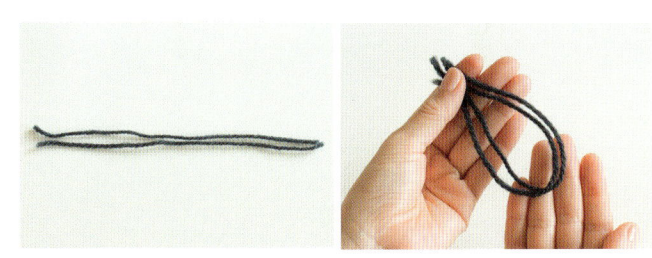

糸はできあがりの長さの2倍より少し長めにカット、半分に折る。

編み地の裏から針を入れ、折り山をひきだし、糸の束をループにくぐらせる。
ループをひきしめるとフリンジがひとつできる。フリンジは、ぜんぶつけてから長さを切りそろえる。

82

マフラー　ふわふわ

モヘアを使ったこま編み＋長編みのマフラー。おそろいのミトンといっしょに（→P47）。

●用意するもの
糸　ミニスポーツ No420（アイボリー）120g
　　キッドモヘアファイン No48（ターコイズ）25g、No50（ピンク）25g、No51（レモンイエロー）25g
針　かぎ針10/0号

●できあがりサイズ　フリンジ含む長さ157cm

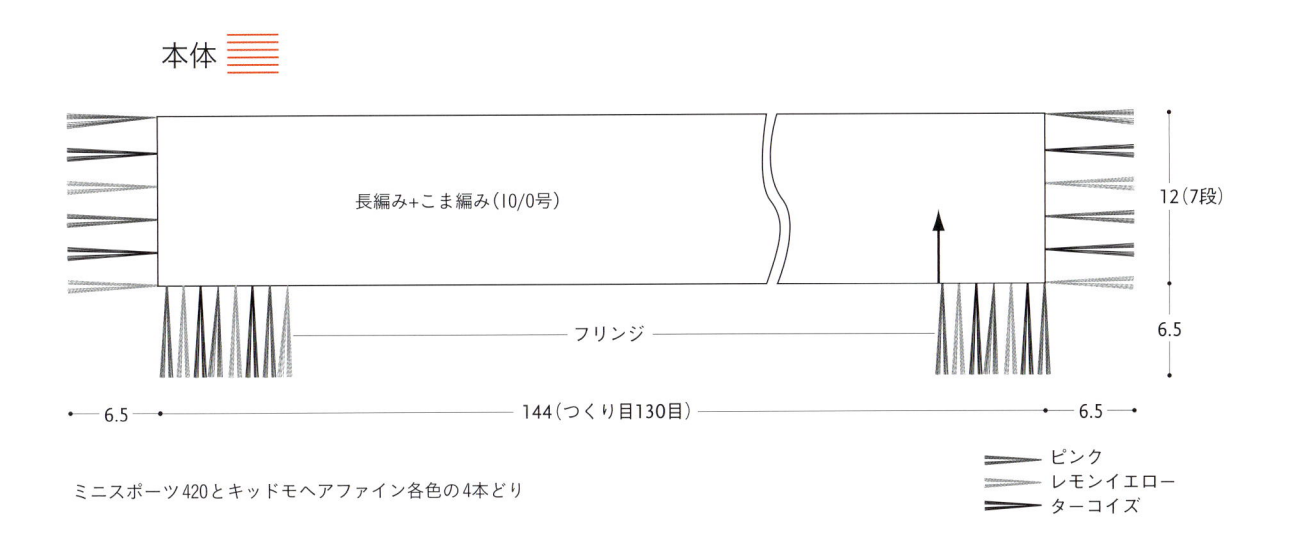

本体

長編み+こま編み（10/0号）

フリンジ

12（7段）
6.5
6.5
144（つくり目130目）
6.5

ミニスポーツ420とキッドモヘアファイン各色の4本どり

ピンク
レモンイエロー
ターコイズ

●つくり方
① 本体を編む
▶ つくり目のくさり130目を編み、1段め長編み、2段めこま編みと、段ごと交互に編み方を変えながら、往復編みで7段編む。
② フリンジをつける
▶ モヘアを色ごと5本どりにし、長さ17cmにカット。
　これを143（ピンク48、レモンイエロー48、ターコイズ47）セットつくり、本体両端とつくり目につける。

つくり目の目数で長さ。長編みの段数で幅。
自分好みのサイズにアレンジできるからね。

長編みで編んでみましょう

● **往復に編む**　往復の編み方はこま編みと同じだが、立ち上がりを長編み1目として扱うので、段のはじめと終わりの「ひろい目」が違う。

マフラー(→P80-81)の
つくり目はくさり110目。

くさり3目で立ち上がり、針に糸をかけ、つくり目の1目をとばしたつぎの目に針を入れ、
針先に糸をかけてひきだす(ここで1目をとばさないと目が増える)。

糸はくさりの2目分の長さまで
ひきだす。

針先に糸をかけ、針にかかったループ2本をひき抜き、もういちど糸をかけ、ループの残り2本をひき抜く。
立ち上がりで1目+長編み1目で、2目を編んだことに。あとは同様に編みすすむ。

段のはじめは、編み地を返し、立ち上がりを編み、
前段の1目めをとばした、2目めに1目を編む。

段の終わりは、前段の立ち上がりのくさりの3目めの裏山と
外側の半目をひろって1目編む。

長編みはこま編みの応用。針にかけた3本のループを、2回に分けてひき抜いて、こま編みの3倍の高さのある目をつくりだす。
高さがある分、編みあがりも早い。長編みの立ち上がりは3目、これは長編み1目分と覚えておいて。

❷ 輪に編む　　輪の編み方はこま編みと同じだが、段の終わりでひき抜き編みをし、立ち上がりを編みながらすすむ。

「わ」のつくり目をつくる(手順→P16-17と同様)。

立ち上がりのくさり3目を編み、針に糸をかけ、
輪の中に針を入れて糸をひきだす。

針に糸をかけ、2回に分けてループをひき抜くことを目数分くり返し、
糸輪を縮めておく(→P19)。

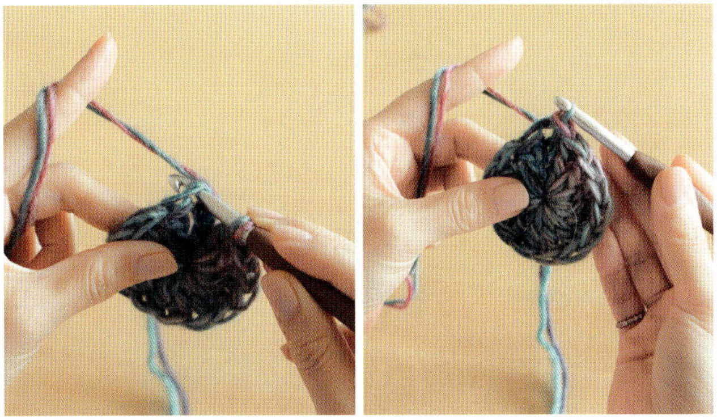

立ち上がりのくさり目(3目めの半目と裏山をひろう)と、
段の終わりの目をひき抜き編み(→P22)でつないで次段に。

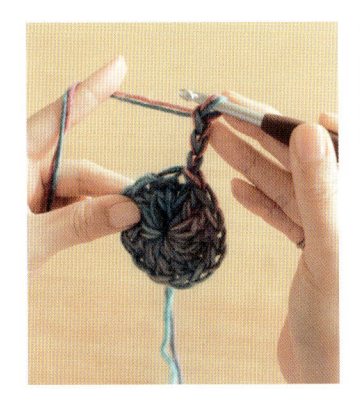

2段めは1目に2目ずつ編む。
立ち上がりのくさりを3目編む。

つぎに前段立ち上がりの目(ひき抜き編みをしたくさり目)をひろって1目編む。
立ち上がりは長編み1目分、これで1目に2目編んだことに。あとは1目に2目ずつ編んでいく。

85

帽子

ブルー・白　page 88-89

帽子　ブルー

横についたポンポンがイヤーマフのよう。長編みなので、短時間でつくれます。

●用意するもの

糸　ミュルティコ No563（ブルー）120g
針　かぎ針10/0号　毛糸用とじ針
厚紙

●できあがりサイズ　頭回り56cm

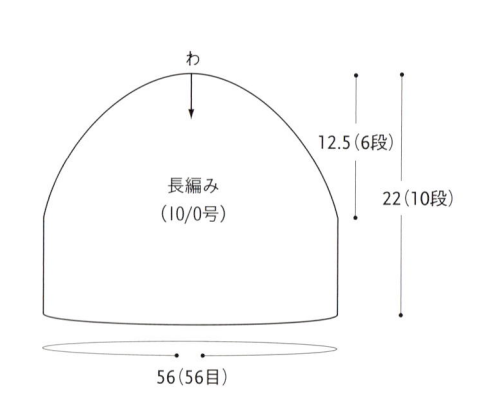

本体

段	目数	check	編み方
1	14	□	♦×14
2	28	□	♥×14
3	35	□	(♦×3 + ♥)×7
4	42	□	(♦×4 + ♥)×7
5	49	□	(♦×5 + ♥)×7
6	56	□	(♦×6 + ♥)×7
7-10	56	□	♦×56

目数には立ち上がりを含む
ミュルティコ563　2本どり（10/0号）

わ
長編み（10/0号）
12.5（6段）
22（10段）
56（56目）

●つくり方

1 本体を編む

▶「わ」のつくり目をし、長編みで輪に編む（立ち上がりのくさりは3目編む）。
　1段めは立ち上がりのくさり3目を編み、「わ」のなかに長編み13目を編みいれる（立ち上がり含め14目）。
　以降の段も、立ち上がりを1目と数えて編む。
　2段で14目増やし、3-6段の毎段で7目ずつ目を増やし、7-10段は増減なく56目で編む。

2 ポンポンをつける

▶特大（径11.5cm）のポンポンを2個つくり、帽子の両脇につける。

●特大ポンポンのつくり方

厚紙をポンポンのサイズより1cmほど大きい四角にカット、中央に切り込みをいれ、コの字形に成形し、糸を120回巻きつける。
中心を糸でしっかりしばり、両端の輪をはさみで切る。厚紙を抜き、かたちを整え、余分な糸をカットする。
ポンポンメーカーでつくってもよい。

帽子　白

どんな服にも似合うシンプルなニット帽です。

●用意するもの
糸　アルパカモリスNo901（白）100g
針　かぎ針10/0号　毛糸用とじ針
厚紙
●できあがりサイズ　頭回り56cm

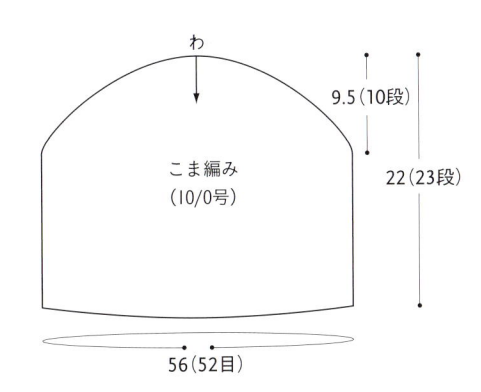

わ
9.5（10段）
こま編み
（10/0号）
22（23段）
56（52目）

本体

段	目数	check	編み方
1	8	□	♀×8
2	16	□	♥×8
3	24	□	(♀+♥)×8
4	28	□	(♀×5+♥)×4
5	32	□	(♀×6+♥)×4
6	36	□	(♀×7+♥)×4
7	40	□	(♀×8+♥)×4
8	44	□	(♀×9+♥)×4
9	48	□	(♀×10+♥)×4
10	52	□	(♀×11+♥)×4
11-22	52	□	♀×52
23	52	□	●×52

アルパカモリス901　1本どり

●つくり方

① 本体を編む
▶「わ」のつくり目をし、こま編みで輪に編む。立ち上がりはしない。
　2-3段で8目増やし、4-10段の毎段で4目ずつ目を増やす。
　11-22段は増減なく52目で編み、23段はひき抜き編みで一周する。

② ポンポンをつける
▶ 特大のポンポンを1個つくり、帽子のトップにつける。

自分の頭に合わせながらつくるといいよ、
ぴったりの段で増し目をやめてね。

スプレーカバー

うさぎ　page 92-93

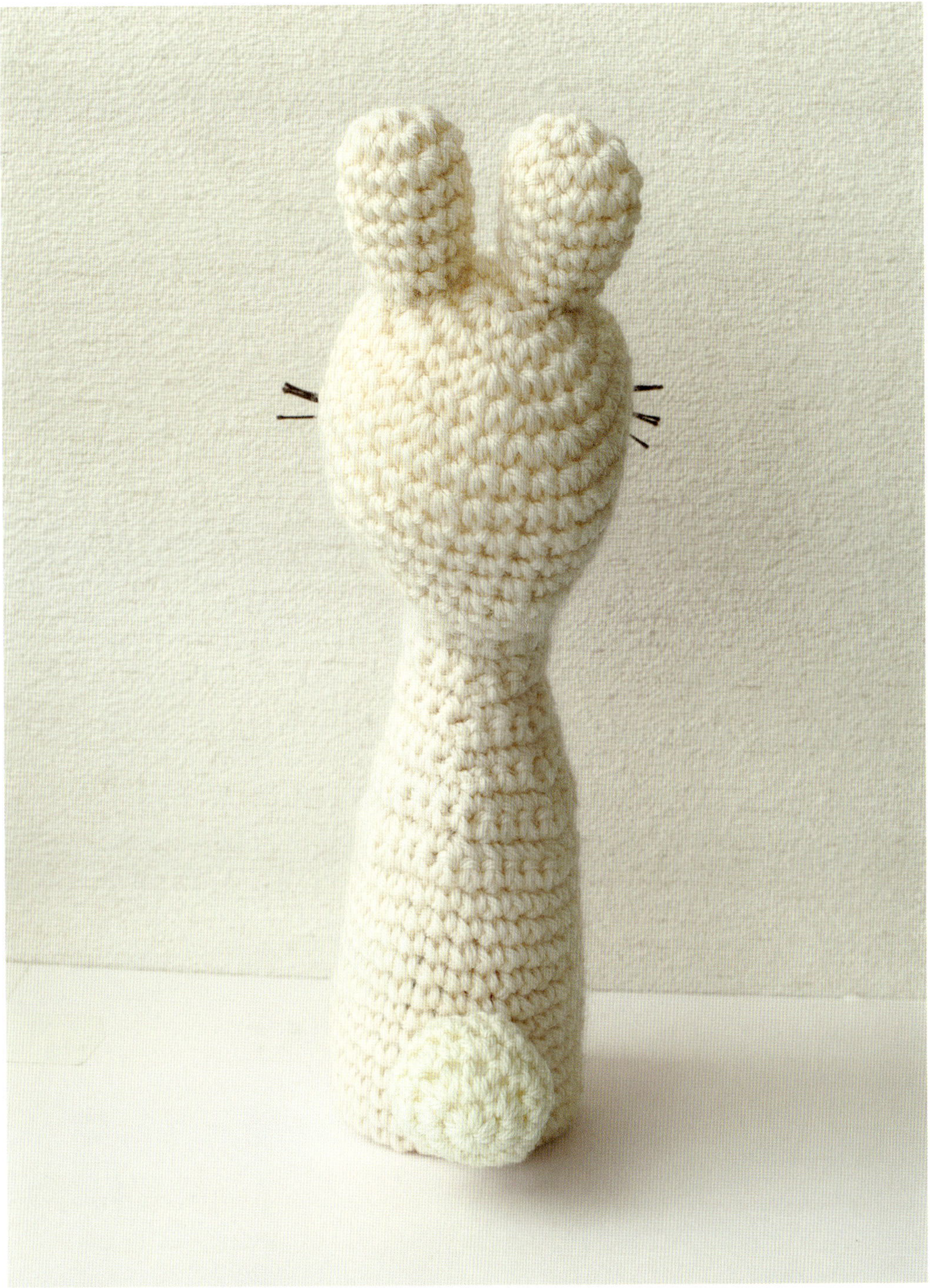

スプレーカバー　うさぎ

お部屋に置いてもかわいい、消臭スプレー用のカバーです。

◉用意するもの

糸　ミニスポーツ No420（アイボリー）80g、クイーンアニー No880（アイボリー）10g
　　ブリティッシュエロイカNo192（茶）少々
　　レース糸（茶）、縫い糸（白）各少々
針　かぎ針7/0号　6/0号　毛糸用とじ針　縫い針
径14mmの丸足ボタン　1個　手芸用綿

◉できあがりサイズ　高さ30cm（本体）

本体 ◎ + ≡

段	目数	check	編み方
1	7	□	●×7
2	14	□	♥×7
3	20	□	●×2 + ♥×3 + ●×4 + ♥×3 + ●×2
4	26	□	●×2 +(●+♥)×3 + ●×4 +(●+♥)×3 + ●×2
5	32	□	●×3 +(●+♥)×3 + ●×7 +(●+♥)×3 + ●×4
6-16	32	□	●×32
17	32	□	●×32　7目すすみ（●×7）ひき抜き編み（●×1）する
18	32	□	裏返して1目立ち上がり ●×32
19	24	□	(●×2 + ⋏)×4 +(⋏+●×2)×4
20	24	□	●×24
21	20	□	●×2 + ⋏+●×4 +(●×2+⋏)×2 + ●×4 + ⋏+●×2
22	20	□	●×20
23	16	□	●×2 + ⋏+●×2 +(●×2+⋏)×2 + ●×2 + ⋏+●×2
24	16	□	●×16
25	15	□	●×7 + ⋏+●×7
26-27	15	□	●×15
28	15	□	立ち上がり+くさり4目でボタンループにする ●×15
29	15	□	●×15
30	17	□	●+♥+●×11+♥+●
31	20	□	●×5 +(●+♥)×3 + ●×6
32	22	□	●+♥+●×16+♥+●
33	22	□	●×22
34	24	□	●+♥+●×18+♥+●
35	24	□	●+♥+●×8+⋏×2+●×8+●+♥

12目

12目

ミニスポーツ420　1本どり

パーツ

頭1個

段	目数	check	編み方
1	7	□	●×7
2	14	□	♥×7
3	21	□	(●+♥)×7
4	28	□	(●×2+♥)×7
5	35	□	(●×3+♥)×7
6-10	35	□	●×35
11	28	□	●×7+(⋏+●)×7+●×7
12	28	□	●×28
13	21	□	●×7+⋏×7+●×7

耳2枚

段	目数	check	編み方
1	6	□	●×6
2	12	□	♥×6
3-7	12	□	●×12

しっぽ1個

段	目数	check	編み方
1	7	□	●×7
2	14	□	♥×7
3	21	□	(●+♥)×7
4	21	□	●×21
5	14	□	(●+⋏)×7
6	7	□	⋏×7

ほっぺ2枚

段	目数	check	編み方
1	5	□	●×5
2	10	□	♥×5
3	15	□	(●+♥)×5

鼻1枚

段	目数	check	編み方
1	8	□	●×8

目2枚

段	目数	check	編み方
1	6	□	●×6

●つくり方

① 本体を編む
- 1–17段はこま編みで輪に編む。立ち上がりはしない。
  17段は32目編み、脇に編み終わりがくるように7目編みすすめ、1目ひき抜き編みをする。
- 18–35段は、往復編みで編む。
  28段は立ち上がり＋くさり4目を編み、ボタンループにする。
- トップの12目ずつを中表にはぎ、表に返す。

② パーツを編む
- 「わ」のつくり目をし、こま編みで輪に編む。立ち上がりはしない。
- 頭に綿をつめ、本体に縫いつける。
- ほっぺ同士を縫いつけ、つなぎ目にレース糸（ひげ）を結んで、表にひき出す。
- 頭にパーツをバランスよくつける。
- しっぽに綿をつめ、胴に縫いつける。
- ボタンをつける。

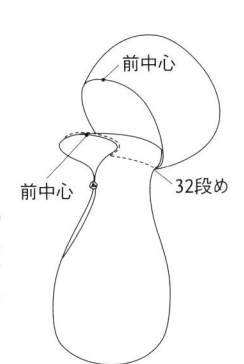

頭の後ろ中心を、本体後ろ中心の32段めにあわせてまち針でとめる
前中心をあわせて点線のところにぐるりと縫いつける

頭・耳　ミニスポーツ420　1本どり（7/0号）
しっぽ・ほっぺ　クイーンアニー 880　1本どり（6/0号）
目・鼻　ブリティッシュエロイカ192　1本どり（6/0号）

プリンセスアニー	520
クイーンアニー	822
	880
	955
	957
	962
	967
	968
	973
	982
ミニスポーツ	420
	679

ミニスポーツ	712
ブリティッシュエロイカ	120
	116
	182
	191
	192
キッドモヘアファイン	50
アルパカモリス	902
ミュルティコ	563
ソフトドネガル	5236
アルパソフト	813
コットンコナ	71

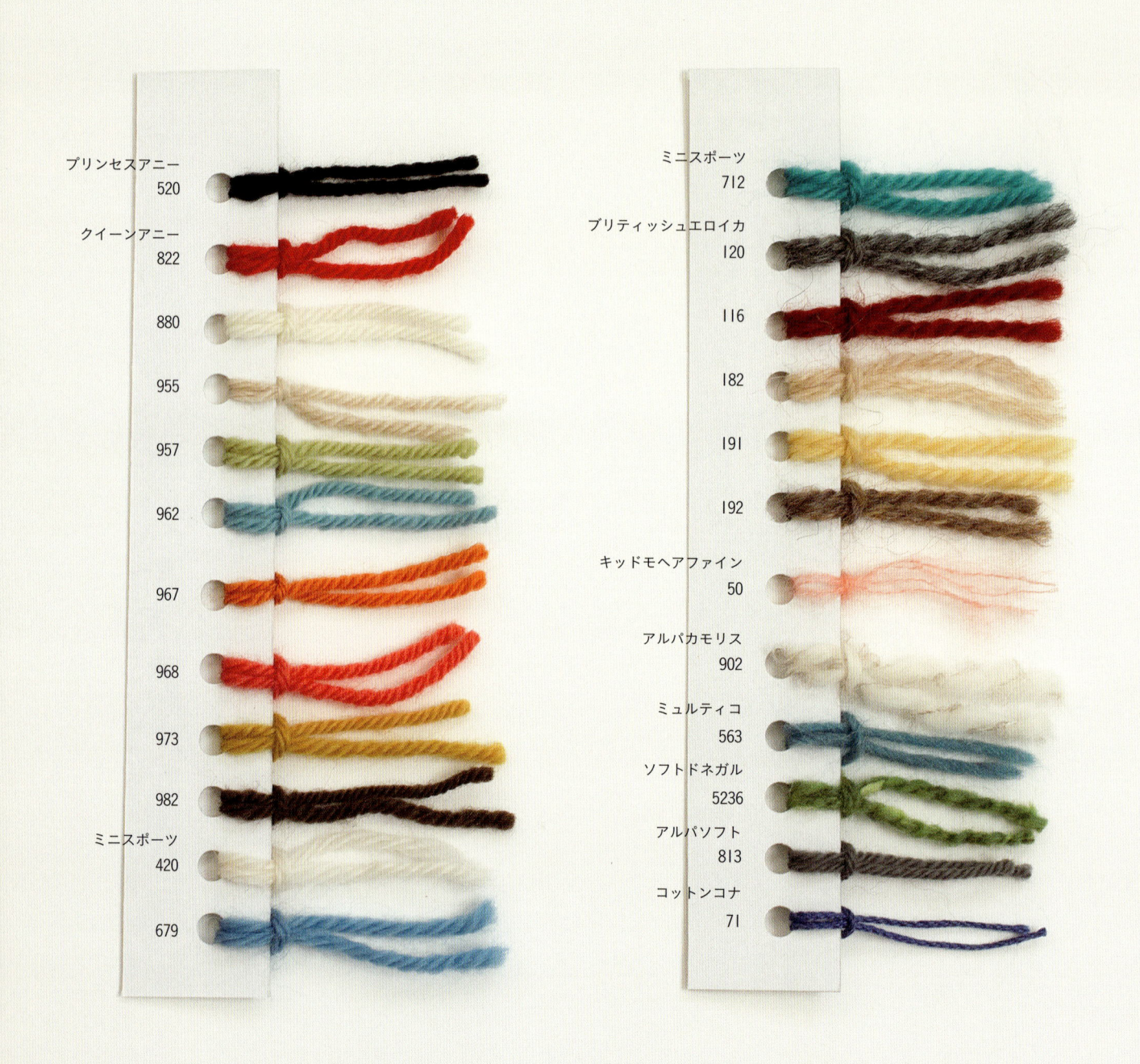

本書で使用した糸

素材提供：ダイドーインターナショナル　パピー事業部

◆糸は2012年10月現在のものです

◆使用糸全色は掲載していません

おわりのことば

何度もほどいて編み直して、やっとできあがったものって、
なんだか愛しくなっちゃいますよね。
上手につくろうという気持ちはとてもいいことだけど、
編み物は家事でも宿題でもなく遊びになりました。
なによりも、あなたが楽しまなければいけません。
はじめて編むあなたを助けてくれる、
ふわふわの良質な毛糸玉をえらんでくださいね。
できあがった小物たちといっしょにお出かけしましたか?
ほんの少しでも楽しい気持ちになってもらえていたら、
とても嬉しいです。つくってくれてありがとう。

タカモリ・トモコ

左からかぎ針3/0号、4/0号、5/0号、6/0号、7/0号、8/0号、10/0号

タカモリ・トモコ
あみぐるみ作家。
1993年より活動をはじめる。
書籍、雑誌、CMのキャラクター制作等、幅広い分野で活躍。
独創性、色彩センスにすぐれる作風に定評がある。
あみぐるみの講師としても活躍。
著書に『タカモリ・トモコのあんでねあみぐるみ』(主婦と生活社)、
『ペネロペのあみぐるみ』(岩崎書店)ほか多数。
2008年、「ほぼ日刊イトイ新聞」に「タカモリ・トモコ全集」をオープン。
http://www.1101.com/store/amigurumi/index.html

撮影　長嶺輝明
ブックデザイン　縄田智子　L'espace
プロデュース　武内千衣子
編集協力　かねこひさこ
パーツ制作　北浦ちかこ　矢野康子
校正　くすのき舎
編集担当　佐藤久美　秩父裕美(永岡書店)

撮影協力
LIKE LIKE KITCHEN

素材提供
株式会社ダイドーインターナショナル　パピー事業部
〒101-8619 東京都千代田区外神田3-1-16ダイドーリミテッドビル3階
☎03-3257-7135
http://www.puppyarn.com

タカモリ・トモコのかぎ針編み
編んだら編めちゃった

著　者　タカモリ・トモコ
発行者　永岡修一
発行所　株式会社永岡書店
　　　　〒176-8518 東京都練馬区豊玉上1-7-14
　　　　03-3992-5155(代表)　03-3992-7191(編集部)
Ｄ Ｔ Ｐ　編集室クルー
印　刷　末広印刷
製　本　ヤマナカ製本

ISBN978-4-522-43139-9 C2076
乱丁本・落丁本はお取り替えいたします。①
本書の無断複写・複製・転載を禁じます。